四部要籍選刊　蔣鵬翔 主編

阮刻禮記注疏

十二

（清）阮元 校刻

浙江大學出版社

本册目録（十二）

附釋音禮記注疏卷第四十七

禮記　鄭氏注　孔穎達疏

長塘盧氏宣旬校定

祭義第二十四○陸曰鄭云名祭義者以其記齋戒薦羞之義【疏】正義曰案鄭目録云名曰祭義者以其記祭祀齋戒薦羞之義也此於別録屬祭祀

祭不欲數數則煩煩則不敬祭不欲疏疏則怠怠則忘是故君子合諸天道春禘秋嘗忘與不敬違禮莫大焉合於天道因四時之變化孝子感時念親則以此祭之也春禘者夏殷禮也周以禘爲殷祭更名春祭曰祠○數色角反下同怠大改反祠嗣思反霜露既降君子履之必有悽愴之心非其寒之謂也春雨露既濡君子履之必有怵惕之心如將見之非其寒之謂謂悽愴及怵惕皆爲感

時念親也霜露既降禮說在秋此無秋字蓋脫爾○悽音妻愴初亮反濡本亦作濡音儒怵勑律反惕他厤反爲于僞反下文見所爲并注同樂以迎來哀以送往故禘有樂而嘗無樂迎來而樂樂親之將來也送去而哀哀其享否不可知也小言之則爲一祭之間孝子不知鬼神之期推而廣之放其去來於陰陽○放方往反

【疏】祭不欲數數則煩煩則不敬祭不欲疏疏則怠怠至無樂○正義曰此一節總論祭祀其事既雜義相附者結爲一節各隨文解之此一節明孝子感時念親所以四時設祭之意○合諸天道者諸於也禘者陽之盛也嘗者陰之盛也陰陽氣盛孝子感而思念其親故君子制禮合於天道○春禘秋嘗者舉春秋冬夏可知非其寒之謂也者言孝子於秋霜露既降有悽愴之心者非是寒之謂有此悽愴者爲感時念親也○如將見之者言孝子於春雨露之時必有怵惕之心焉意想念親如似得見親也春秋二時於文相互上云悽愴下云非其寒之謂此怵惕之心下宜云非其煖之謂今怵惕之心下如將見之則悽愴之心下亦宜云如將見之是其互也但作記以秋是物云寒爲甚故不云如將見之但言寒也春是物來煖輕於寒故云如將見之故不言煖之謂也先秋後春以涼悽愴

之甚故先言之。注春禘者夏殷禮也周以禘爲殷祭更名春祭至曰祠。正義曰案王制云春礿夏禘周禮大宗伯春祠夏禴今云春禘故云夏殷禮案王制春曰礿此云春禘爲夏殷禮者。郊特牲以注禘當爲礿則此春禘亦當爲礿於郊特牲已注而破之故此不言也。注迎來至陰陽。正義曰云小言之則爲一祭之間孝子不知鬼神之期者解經樂以迎來哀以送往之二句謂一祭之間也一祭此於一年其事爲小故云小言之爲一祭之間旣不知鬼神來去期節故祭初似若來故樂祭末似去故哀據孝子之心雖春有樂及鍾鼓送尸孝子之心祭末猶哀也云推而廣之放其去來於陰陽者解經云故禘有樂而嘗無樂二句也言推此一祭而廣論一年放神之去來似於陰陽二氣但陽主生長春夏陽來似神之來故春夏祭之有樂秋冬陰象神之去故秋冬之祭無樂然周禮四時之祭皆有樂殷則烝嘗之祭亦有樂故那詩云庸鼓有斁萬舞有奕下云顧予烝嘗則殷秋冬亦有樂者熊氏云殷秋冬但有管弦之樂又云烝嘗全無樂其義已具郊特牲

致齊於內散齊於外齊之日思其居處思其笑語思其志意思其所樂思其所嗜齊

三日乃見其所爲齊者致齊思此五者也散齊七日不御不樂不弔耳見所爲齊者思之熟也所嗜素所欲飲食也春秋傳曰屈到嗜芰○齊側皆反後不出者同散悉但反注同所樂音岳又五孝反嗜市志反注及下並同屈居勿反屈到楚莫敖芰其寄反

疏 致齊至齊者○正義曰此一節明祭前齊日之日○思其居處者謂祭致齊之日也思其居處以下五事謂孝子思念親存之五事也先思其麤漸思其精故居處在前樂嗜居後○齊三日乃見其所爲齊者謂致齊思念其親精意純熟目想之若見其所爲齊之親也○注春秋傳曰屈到嗜芰○正義曰楚語云屈到嗜芰有疾召其宗老而屬之曰祭我必以芰

祭之日入室僾然必有見乎其位周還出戶肅然必有聞乎其容聲出戶而聽愾然必有聞乎其嘆息之聲周還出戶謂薦設時也無尸者闔戶若食間則有出戶而聽之○僾音愛微見貌還音旋本亦作旋注同愾開代反闔戶獵反

疏 祭之至之聲○正義曰此一經明祭之日孝子想念其親入室僾然必有見乎其位者謂祭之

日朝初入廟室時也初入室陰厭時孝子當想象僾僾髣髴見也詩云愛而不見見如見親之在神位也故論語云祭如在○周還出戶肅然必有聞乎其容聲者謂薦饌時也孝子薦俎酌獻行步周旋或出戶當此之時必有愾息肅肅然如聞親舉動容止之聲○出戶而聽愾然者謂祭此人為無尸之時設薦已畢孝子出戶而靜聽愾愾然必有聞乎其歎息之聲也○注周還至聽之○正義曰出戶謂薦設時也者若特牲少牢主婦設豆及佑食設俎之屬是也云無尸者闔戶若食間則有出戶而聽之者案士虞禮云無尸則禮及薦饌皆如初主人哭出復位祝闔牖戶如食間注云如尸一食九飯之須彼謂虞祭無孫行為尸者則吉祭亦當然也此鄭云闔戶若食間見如正祭九飯之間也而皇氏謂尸謖之後陽厭之時又云無尸謂之陰厭尸未入前其義並非也

是故先王之孝也色不忘乎目聲不絕乎耳心志嗜欲不忘乎心致愛則存致愨則著著存不忘乎心夫安得不敬乎 存著則謂其思念也○愨苦角反

疏 是故至敬乎○正義曰此一經覆說孝子祭時念親之事

○致愛則存者謂孝子致極愛親之心則若親之存以嗜欲不忘於親故也○致慤則著者謂孝子致其端慤敬親之心則若親之顯著以色不忘於目聲不忘於耳故也○著存不忘乎心者言如親之存在恒想見之不忘於心既思念如此何得不敬乎

君子生則敬養死則敬享思終身弗辱也享猶祭也饗也○養羊尚反鄉也許亮反下文鄉也鄉之注鄉並同

君子有終身之喪忌日之謂也忌日不用非不祥也言夫日志有所至而不敢盡其私也忌日親亡之日忌日者不用舉他事如有時日之禁也祥善也志有所至至於親以此日亡其哀心如喪時○言夫日音扶本或作言夫忌日

【疏】君子至私也○正義曰此一節明孝子終身念親不忘之事○忌日不用非不祥也者謂忌日不用舉作他事者何非謂此日不善別有禁忌不舉事也○言夫日志有所至而不敢盡其私也者所以不舉者言夫忌日謂孝子志意有所至極思念親不敢盡其私情而營他事故不舉也

唯聖人爲能饗帝孝子爲能

饗親謂祭之能使之饗也帝天也饗者鄉也鄉之然後能饗焉言中心鄉之乃能使其祭見饗也上饗或爲相○相息亮反下文同是故孝子臨尸而不怍君牽牲夫人奠盎君獻尸夫人薦豆卿大夫相君命婦相夫人齊齊乎其敬也愉愉乎其忠也勿勿諸其欲其饗之也色不和曰怍奠盎設盎齊之奠也此時君牽牲將薦毛血君獻尸而夫人薦豆謂繹日也儐尸主人獻尸主婦自東房薦韭菹醢勿勿猶勉勉也愨愛之貌○怍才各反盎烏浪反齊齊如字舊子禮反愉羊朱反盎齊才細反繹音亦儐音賓

【疏】唯聖至之也○正義曰此一節明孝子祭祀欲親歆饗之意○唯聖人爲能饗帝者以饗帝爲難故聖人能之饗親不易故孝子能之欲饗親與饗帝同故以饗帝比饗親言饗親難也此本爲饗親而發故下文專論饗親之事○饗者鄉也者言神之所以饗者由孝子之所歸鄉也鄉之故然後能使神靈歆饗焉○是故孝子臨尸而不怍者怍謂顏色不和悅以祭祀須饗

尸故孝子臨對尸前不得顏色不和○君牽牲夫人奠盎者熊氏云此謂繹祭君當牽牲之時夫人奠設盎齊之奠○君獻尸夫人薦豆者繹祭故先獻後薦○齊齊乎其敬也者卿大夫相君命婦相夫人皆齊齊乎其恭敬齊齊謂整齊之貌故玉藻云廟中齊齊○愉愉乎其忠也者愉愉和悅之貌忠謂忠心言孝子顏色愉愉然和悅盡忠心○勿勿諸其欲其饗之也者勿勿猶勉勉也言孝子之心與貌勉勉然欲得親之歆饗也其皆語助○注色不至之貌○正義曰案曲禮云容毋怍怍謂顏色變即不和之意云奠盎設盎齊之奠也者此謂繹祭故牽牲之時夫人預設盎齊之尊假令正祭牽牲時夫人設奠盎之尊至君親制祭夫人酌盎齊以獻尸義無妨也皇氏怪此此奠盎在牽牲之時於事大早以奠盎爲洗牲勘諸經傳無洗牲以酒之文皇氏文無所據其義非也云謂繹日也者以其先云君獻尸後云夫人薦豆故知繹日也云儐尸主人獻尸主婦自東房薦韭菹醢者此是有司徹文引之者證儐尸之時先獻後薦上大夫儐尸即天子諸侯之繹也

文王之祭也事死者如事生思死者如不欲生忌日必哀稱諱如見親祀之忠也如見

親之所愛如欲色然其文王與思死者如不欲生言思親之深也如欲色者以時人於色厚假以喻之。忠如字謂盡中心與音餘詩云明發不寐有懷二人文王之詩也祭之明日明發不寐饗而致之又從而思之祭之日樂與哀半饗之必樂已至必哀明發不寐謂夜。至旦也祭之明日謂繹日也言繹之夜不寐也二人謂父母容尸侑也。樂與音洛下同侑音又

〔疏〕文王至必哀節。正義曰此一節明文王祭思親忠敬之甚。思死者如不欲生者言文王思念死者意欲隨之而死如似不復欲生。稱諱如見親者言文。在廟中上不諱下於祖廟稱親之諱如似見親也。祀之忠者言文王祭祀之盡忠誠也。如見親之所愛如欲色然者解祀之忠敬之事言齊時思念親之平生嗜欲如似真見親所愛在於目前又思念親之所愛之甚如似凡人貪欲女色然也。其文王與者唯文王能如此與與是不執定之辭王肅然解欲色。如欲見父母之顏色鄭何得比父母於女色馬昭申云孔子曰吾未見好德如好色者如

此亦比色於德張融亦如好色取其甚也於文無妨○文王之詩也者此幽王小雅小宛之篇而云文王詩也者記者引詩斷章取義且詩人陳文王之德以刺幽王亦得爲文王之詩也○祭之明日明發不寐者謂正祭明日繹祭之時祭既訖得其夜發夕至明而不寐○饗而致之又從而思之者申明發之意既設繹祭之饗而致於神其夜又從而思之也○饗之必樂已至必哀者孝子想神之歆饗故必樂又想及饗已至之後必分離故必哀也○注祭之至侑也○正義曰知祭之明日謂繹日也者案宣八年六月辛巳有事于大廟仲遂卒于垂壬午猶繹是祭之明日爲繹也云二人謂父母容尸侑也者祭以念親故二人謂父母案有司徹上大夫儐尸別立一人爲侑以助尸似鄉飲酒禮介之副賓也繹祭與儐尸同故知二人容尸與侑侑也

仲尼嘗奉薦而進其親也慤其行也趨趨以數嘗秋祭也親謂身親執事時也慤與趨趨言少威儀也趨讀如促數之言速也○仲尼嘗絶句嘗秋祭奉薦而進絶句其親也慤絶句趨音促注及下注皆同數色角反徐音速注同已祭子贛問曰子之言祭濟濟漆漆然今子之祭無

濟濟漆漆何也子曰濟濟者容也遠也漆漆者容也自反也容以遠若容以自反也夫何神明之及交夫何濟濟漆漆之有乎漆漆讀如朋友切切自反猶言自脩整也容以遠言非所以接親親也容以自反言非孝子所以事親也及與也此皆非與神明交之道○齎音貢濟子禮反下同漆依注音切下同客也口白反賓客也下客以遠同容也羊凶反儀容也下若容以自反同反饋樂成薦其薦俎序其禮樂備其百官君子致其濟濟漆漆夫何慌惚之有乎天子諸侯之祭或從血腥始至反饋是進孰也薦俎豆與俎也慌惚思念也言祭事既備使百官助已祭然而見其容而自反是無慌惚之思念○樂成音岳又五教反慌況往反注及下同一音荒惚音忽注及下同本又作忽夫言豈一端而已夫各有所當也豈一端言不可以一槩也禮各有所當行祭宗廟者賓客

濟濟漆漆主人愨而趨〔疏〕仲尼至當也○正義曰此一節
趨當丁浪反槩古代反記仲尼嘗祭之儀○奉薦而進
其親也愨者愨謂質愨謂仲尼奉薦進尸之時其身執事其
形貌愨質少威儀○其行也趨趨以數者其行步促促速疾
少威儀舉足而數也○今子之祭無濟濟漆漆何也者子贛
先聞夫子說祭事威儀須濟濟漆漆然也今子之爲祭無濟
濟漆漆者何也子曰濟濟者何也遠也夫子爲子贛說濟濟
之義言濟濟者是容貌自疏遠漆漆者容也自反也謂容貌
自反覆而脩正也○容以遠若容以自反也者覆結上文言
孝子若容貌以疏遠若容貌以自脩正此乃賓客之事○夫
何神明之及交者及與也言孝子若作賓客之容何得神明
之與交言不得與神明交也○夫何濟濟漆漆之有乎者更
覆結上之云夫孝子何得濟濟漆漆之有乎言不得有也其
容也遠也王肅以容爲容皇氏用王肅以客有其容之義其
義亦通但於文勢不便至注更具詳○反饋樂成者此天子
諸侯之祭血腥而始及至進是設饌進孰合樂成畢定本反
饋作及字至注更釋○薦俎者謂薦孰之時薦其饋食之豆
并牲體之俎○序其禮樂備其百官者進饋之前與神明而
交貴其誠敬進饋之後人事之盛故序其禮樂備其百官君
子致其濟濟漆漆者言於此之時君子助祭之人致其濟濟

漆漆賓客之事。夫何慌惚之有乎者此一句覆結前文子貢問之若孝子自濟濟漆漆何得慌惚思念之有乎言無念親之意也。夫言豈一端而已者夫子荅子貢云一端猶一槩也凡言語豈一槩而已言不可以一槩所屬各異。夫各有所當也者謂其言語各有所當若慇而趨當孝子也濟濟漆漆當賓客也。注漆漆至之道。正義曰云漆漆讀如朋友切切者以漆漆非形貌之狀漆音近切朋友切切偲偲語子路文也云自反猶言自修整也者凡脩整之人必自反覆顧省故云自反猶言自修整云容以遠言非所以接親親也者凡接親親不事容貌又相附近今既事容貌又相疏遠故云非所以接親親言親親對孝子之辭或容爲客字則是一義遠何須云容以遠又容以自反與容以遠相對一字爲容一字爲客未之有也又王肅爲客字破鄭義明鄭義容字也。注天子至思念。正義曰天子諸侯之祭或從血腥始者謂以卿大夫從饋孰始故云天子諸侯或從血腥始言或者不盡然故三獻爓一獻孰是不從血腥始云至反饋是進孰也者既以血腥爲始至於反饋之時是進孰也但至與反字於文爲煩定本又爲及字故皇氏云初祭尸入於室後出在堂門尸更反入而設饋故云及饋義當然也

孝子將祭慮事不可以不豫

比時具物不可以不備虛中以治之比時猶先時也虛中言不兼念餘事○比必利反徐甫至反注同先悉薦反又如字【疏】孝子至治之○正義曰自此以下至成人之道廣明孝子祭祀之義今各隨文解之○將祭慮事不可以不豫者言孝子慮事不可於祭前不豫思慮之○比時具物不可以不備者比時謂先時言在祭之先以備具於物至於祭時不可以不備具也○虛中以治之者言不可兼念餘事心中實虛唯思此祭而已故云虛中以治之也

宮室既脩牆屋既設百物既備夫婦齊戒沐浴盛服奉承而進之洞洞乎屬屬乎如弗勝如將失之其孝敬之心至也與脩設謂除及黝堊○洞音動下同屬音燭下同弗本亦作不何休云弗者不之深也勝音升與音餘黝於糾反堊烏路反薦其薦俎序其禮樂備其百官奉承而進之百官助主人進之【疏】宮室至進之○正義曰洞洞屬屬是嚴敬之貌言孝子之心奉承而進祭

之時其心洞洞乎屬屬乎恭敬心盛如舉物之弗勝心所奉持如似將失於物此是孝子心敬之至極也案廣雅洞洞屬屬敬也

於是諭其志意以其慌惚以與神明交庶或饗之庶或饗之孝子之志也

諭其志意謂使祝祝饗及侑尸也或猶有也言想見其仿佛來○祝祝上之六反下之又反又並之六反彷孚往反佛孚味反

〔疏〕於是至志也○正義曰孝子既薦其祖於是使其祝官啓告鬼神曉諭鬼神以志意○以其慌惚以與神明交庶或饗之者言孝子以其思念情深慌惚似神明交接庶望神明或來歆饗故云庶幾神明饗之者是孝子之志意也言想見其親仿佛而來也

孝子之祭也盡其慤而慤焉盡其信而信焉盡其敬而敬焉盡其禮而不過失焉進退必敬如親聽命則或使之也

言當盡已而已如居父母前將受命而使之

〔疏〕孝子至之也○正義曰盡其慤而慤焉者盡慤謂心盡其慤也而慤焉謂外亦慤焉其信與敬皆處內內有其

心外著於貌○盡其禮而不過失焉者以其禮包衆事非可極故不得云而盡其禮焉云不過失焉則是禮也○進退必敬如親聽命則或使之也者言孝子祭時進之與退必恒恭敬如似親聽父母之命而父母或使之也孝子之祭可知也其立之也敬以詘其進之也敬以愉其薦之也敬以欲退而立如將受命已徹而退敬齊之色不絕於面詘充詘形容喜貌也進之謂進血腥也愉顏色和貌也薦之謂進熟也欲婉順貌○謂齊莊○詘求勿反注及下并篇末同徐巨勿反敬齊如字注及下同王徐側皆反婉憂阮反孝子之祭也立而不詘固也進而不愉疏也薦而不欲不愛也退立而不如受命敖也已徹而退無敬齊之色而忘本也如是而祭失之矣固猶質陋也而忘本而衍字○敖也五報反【疏】孝子至之矣○正義曰此一節

明孝子之祭觀其貌而知其心故孝子之祭可知也者以下諸事是也○其立之也敬以詘者詘謂充詘形容歡喜之貌言孝子尸前而立形貌恭敬而顏色歡喜○其進之也敬以愉者進謂進血腥愉謂顏色溫和言孝子薦血腥之時容貌恭敬而顏色溫和○其薦之也敬以欲者言孝子薦熟之時容貌恭敬顏色婉順如欲得物然○退而立如將受命者言孝子或有退之時如似前進將受命○已徹而退敬齊之色不絕於面者謂祭畢已徹饌食孝子退者恭敬齊莊之色不離絕於面○立而不詘固也者言其固陋不知禮○進而不愉疏也者言與親疏遠不相親附○薦而不欲不愛也者言不愛親○退立而不如受命敖也者言敖其親不恭敬已徹而退無敬齊之色而忘本也者而衍字忘本謂不思其親○

孝子之有深愛者必有和氣有和氣者必有愉色有愉色者必有婉容和氣謂立而詘孝子如執玉如奉盈洞洞屬屬然如弗勝如將失之嚴威儼恪非所以事親也成人之道也成人既冠者然則孝

子不失其孺子之心也○奉芳勇反儼魚檢反恪苦各反冠古亂反孺而樹反〔疏〕孝子至道也○正義曰如執玉如奉盈言孝子對神容貌敬慎如執持玉之大寶如奉盈滿之物嚴威儼恪非所以事親也者嚴謂嚴肅威謂威重儼謂儼正恪謂恭敬言四者容貌非事親之體事親當和順卑柔也成人之道也者言嚴威儼恪秖是既冠成人之道也

先王之所以治天下者五貴有德貴貴貴老敬長慈幼此五者先王之所以定天下也貴有德何爲也爲其近於道也貴貴爲其近於君也貴老爲其近於親也敬長爲其近於兄也慈幼爲其近於子也言治國有家道○長丁丈反下及下注皆同爲其于僞反下爲其同近附近之近是故至孝近乎王至弟近乎霸至孝近乎王雖天子必有父至弟近乎霸雖諸侯

必有兄先王之教因而弗改所以領天下國家也天子有所父事諸侯有所兄事謂若三老五更也天子哀諸侯與故曰覇○乎王于況反弟音悌下同更古衡反下及下更相同

疏先王至家也○正義曰此一節論貴德及孝弟之事皇氏云此亦承上夫子荅子贛之辭畢廣明孝弟之義今以皇氏說未知然否或是說雜錄之辭○貴有德何為也為其近於道也者德是在身善行之名道者於物開通之稱以已有德能開通於物故云近於道也凡言近者非是實到附近而已○是故至孝近乎王至弟近乎覇者孝能感物故近乎王弟能親愛故近乎覇雖天子必有父者以聖人之德無加於孝乎故雖天子之尊必有事之如父者謂養三老也○雖諸侯必有兄者以教民禮順莫善於弟故雖諸侯之貴必有事之如兄者謂養五更也○先王之教因而弗改者言先王設教之原因人之心孝弟即以孝弟教人是因而不改從人之所欲故可以領天下國家也○注天子至曰覇○正義曰云天子有所父事諸侯有所兄事者案天子諸侯俱有養老之禮皆事三老五更故文王世子注三老如賓五更如介但天子尊故以父事屬之諸侯卑故以兄事屬之云天子哀諸侯與故曰覇者案中候諸侯曰

霸注云霸把也把天子之事也子曰立愛自親始教民睦也立教自長始教民順也親長父兄也睦和厚也教以慈睦而民貴有親教以敬長而民貴用命尊長出教令者孝以事親順以聽命錯諸天下無所不行

疏子曰至不行○正義曰此一節明愛敬之道皇氏云因上荅子貢之問別愛敬語更端故別言子曰自此以下皆展轉相因廣明其事今謂記者雜録以事類相接爲次非本相因之辭也○立愛自親始者言人君欲立愛於天下從親爲始言先愛親也○教民睦也者已先愛親人亦愛親是教民睦也○立敬自長始者言起敬於天下從長爲始言先自敬長○教民順也者已能敬長民亦敬長是教民順也○教以慈睦而民貴有親者覆上教民睦也睦則恩慈故云慈睦也民既慈睦各貴所有之親○教以敬長而民貴用命者覆結上文教民順也既教以敬長民心和順不有悖逆故貴用在上之教命○孝以事親順以聽命者孝以事親覆說而民貴有親也順以聽命覆說而民貴用命也以此二者錯置於天下故無所不行言皆行也

郊之祭也喪者不敢哭凶服者不敢入國門敬之至也祭者吉禮不欲聞見凶人○措諸七路反疏郊之至至也○正義曰此一節論祭祀之禮以是吉禮大事故喪與凶服皆辟之祭之日君牽牲穆荅君卿大夫序從祭謂祭宗廟也穆子姓也荅對也序以次第從也序或爲豫○從才用反注同既入廟門麗于碑卿大夫袒而毛牛尚耳鸞刀以封取膟膋乃退爓祭祭腥而退敬之至也麗猶繫也毛牛尚耳以耳毛爲上也膟膋血與腸間脂也爓祭祭腥祭爓肉腥肉也湯肉曰爓爓祭祭腥或爲合祭腥泄䐑熱也○碑彼皮反袒徒旦反鸞力端反封苦圭反膟音律膋力彫反爓音尋泄息列反䐑直輒反疏○祭之至至也○正義曰前經郊祭之致敬此一節明祭廟牽牲致敬○穆荅君者穆謂子姓荅對也言祭廟君牽牲之時子姓對君共牽牲○卿大夫序從者卿夫夫佐幣士奉芻依次第而從君也○既入廟門麗于碑者麗繫也君牽牲入廟門繫著中庭碑也王肅云

以絧貫碑中君從此待之也。卿大夫袒而毛牛尚耳者將殺牲故袒取牛毛薦之故云毛牛也以耳毛爲上故云尚耳耳主聽欲使神聽之。鸞刀以封取膟膋者謂用鸞刀封割牲體又取血及腸間指血以供薦而膋以供炙肝及爇蕭也。乃退者謂殺牲竟而取卿大夫所封血毛膟膋薦之竟而退也祭有三節此一節竟故退。爓祭祭腥者爓謂爓肉而祭腥謂以腥肉而祭言薦膟膋之後以俎載爓肉腥肉而祭也。而退者謂爓祭祭腥之後祭事既卒而退是恭敬之至極也。注穆子姓也。正義曰知穆是子姓者熊氏云文昭子穆姓生也是昭穆所生謂子孫直言穆者文不備。注膟膋至熟也。正義曰案說文及字林云膟血祭膋是牛腸間脂也是膟爲血膋爲腸間脂也云爓祭祭腥爓肉腥肉也者既疊出經文爓祭之事祭腥之語然後解云謂祭爓肉也腥肉也祭爓肉即經之爓祭也云腥肉即經之祭腥也其祭腥肉爓肉並當朝踐之節此腥肉則禮運云腥其俎也爓肉即禮運云熟其殽也此先云爓者記者便文耳非先後之次云湯肉曰爓者以鬼神異於生雖曰熟殺但湯肉而已若其小祀則煑肉令熟故郊特牲云一獻熟是爓與熟又別也云爓祭祭腥或云合祭腥泄膪熟也者謂爓祭祭腥故云或西字禮記他本爲合祭腥泄膪熟六字者故云或

郊之祭

大報天而主日配以月夏后氏祭其闇殷人祭其陽周人祭日以朝及闇主日者以其光明天之神可見者莫著焉

闇昏時也陽讀爲曰雨曰暘之暘謂日中時也朝日出時也夏后氏大事以昏殷人大事以日中周人大事以日出亦謂此郊祭也以朝及闇謂終日有事○神見賢遍反一本作神可見則如字暘音陽

疏 郊之至及闇○正義曰自此以下至致天下之和論郊祭及日月之義此郊之祭一經止明郊祭之禮○郊之祭者謂夏正郊天○大報天者謂於此郊時大報天之衆神雖是春祈天生養之功大故稱大報天○而主日配以月者謂天無形體縣象著明不過日月故以日爲百神之主配之以月自日以下皆祭特言月者但月爲重以對日耳蓋天帝獨爲壇其日月及天神等共爲一壇故日得爲衆神之主也○夏后氏祭其闇者以夏后氏尚黑故祭在於昏時○殷人祭其陽者以尚白故祭在日中時○周人祭日以朝及闇者以其尚文祭百神禮多故以朝及闇也故季氏之祭大夫之家禮儀應少而亦以朝及闇故夫子譏之○注陽讀至有事○正義曰案洪範庶徵云曰雨曰暘暘謂亢暘乾燥日中之時亦明日中乾燥異於昏明故讀從

日雨曰暘之暘也必讀之者恐人以夜爲陰晝爲陽恐終日而祭故讀從暘也云亦謂此郊祭者以檀弓大事非止是喪亦兼諸祭故云大事亦謂此郊祭

祭日於壇祭月於坎以別幽明以制上下

幽明者謂日照晝月照夜【疏】祭日至上下。正義曰此經及下經皆據春分朝日秋分夕月。祭日於壇謂春分也祭月於坎謂秋分也月爲幽日爲明日在壇月在坎是殊別幽明制定上下

祭日於東祭月於西以別外內以端其位

端正。別彼列反下同【疏】祭日至其位。正義曰端正也日爲陽在外月爲陰在內今祭日於東用朝旦之時是爲外祭月於西鄉夕之時是爲內是以別外內以正其位也而崔氏云祭日於壇祭月於坎還據上文郊祭之時今謂若是郊祭日與月當應同處何得祭日於壇祭月於坎日於東月於西祭不同處則崔氏說非也崔又云日月有合祭之時謂郊祭天而主日配以月其禮大用牛各祭之時謂春分朝日秋分夕月其禮小故祭法用少牢今謂小司徒云小祭祀奉牛牲鄭注謂玄冕所祭自玄冕皆用牛也何得用少牢今謂祭法日月用少牢鄭云禱祈之祭也崔氏說又非崔氏又云迎春之時

兼日月者今案諸文迎春迎秋無祭日月之文小宗伯云兆五帝於四郊四望四類亦如之謂四望四類之祭亦如五帝在四郊故鄭云兆日於東郊兆月與風師於西郊不謂兆五帝之時即祭日月崔說又非

日出於東月生於西陰陽長短終始相巡以致天下之和

巡讀如沿漢之沿謂更相從道○巡依注依音沿悅專反

〔疏〕日出至之和○正義曰陰謂夜也陽謂晝也夏則陽長而陰短冬則陽短而陰長是陰陽長短○終始相巡者又月之與日同行黃道其晦朔之時月與日同處自朔之後月與日先後而行至月終日還與月同處亦是終始相巡○以致天下之和者以日月交相依巡是陰陽和會故致天下之和也○注巡讀如沿漢之沿○正義曰案文十年左傳云子西沿漢泝江將入郢是沿爲順流而下故讀從之

天下之禮致反始也致鬼神也致和用也致義也致讓也

因祭之義汎說禮也致之言至也使人勤行至於此也至於反始謂報天之屬也至於鬼神謂祭宗廟之屬也至於和用謂治民之事以足用也○汜說芳劍反

致反始以厚其

本也致鬼神以尊上也致物用以立民紀也
致義則上下不悖逆矣致讓以去爭也合此
五者以治天下之禮也雖有奇邪而不治者
則微矣物猶事也變和言物互之也微猶少也○悖布內反去起呂反爭爭鬬之爭奇紀宜反邪似嗟反治直吏反【疏】天下至微矣○正義曰此一節明禮之大用凡有五事若能行之得理則天下治矣○天下之禮者言天下所用之禮所致凡有五事也○致反始也者致之言至也言禮之至極於天反報初始言人始於天反而報之○致鬼神也者言禮之至極至於鬼神謂祭宗廟之等○致和用也者和謂百姓和諧用謂財用豐足言禮之至極治理於民使百姓和諧財用富足也○○致義也者義謂斷割得宜治惡討暴言禮之至極於義也○○致讓也者讓謂遞相推讓言禮之至極於讓也○致反始以厚其本也者天爲人本今能反始以報於天是厚重其本也上能厚本也教下下亦能厚本也○致鬼神以尊上也者謂至於祭祀鬼神是尊嚴其上也以此教民民亦尊上也○致物用以立民紀也者民豐

物用則知榮辱禮節故至於物用可以立人紀也○致義則上下不悖逆矣者義能除凶去暴故上下不有悖逆也○致讓以去爭也者以讓故無爭○合此五者以治天下之禮也者言能和合此五者以治理天下之禮○雖有奇邪而不治者則微矣者奇謂奇異邪謂邪惡皆據異行之人言用此五事爲治假令有異行不從治者亦當少也故云則微矣○注物猶至少也○正義曰上文云致和用明和能立事是和用互言之有事用也下文云致物用物謂事也謂事須和也是致事用互致和用也是事必須和和能立事故云互也

宰我曰吾聞鬼神之名不知其所謂子曰氣也者神之盛也魄也者鬼之盛也合鬼與神教之至也氣謂噓吸出入者也耳目之聰明爲魄合鬼神而祭之聖人之教致之也○魄普白反噓音虛吸許及反

疏 宰我至至也○正義曰自此以下至以祀先王先公敬之至也此一節明宰我問鬼神之事夫子荅以鬼神魂魄祭祀之禮又廣明天子諸侯耕藉及公桑之事今各隨文解之○不知其所謂者宰我善問孔子吾唯聞鬼神之名不知此鬼神所謂何物爲鬼神○子曰氣也者神之盛

也者此夫子荅宰我以神名言神是人生存之氣氣者是人之盛極也○魄也者鬼之盛也者是夫子荅鬼之事言人形魄者鬼之盛極也○合鬼與神教之至也者言人死神上於天鬼降於地聖王合此鬼之與神以祭之至教之致也是聖王設教致合如此故云教之至也○注氣謂至之也○正義曰氣謂噓吸出入也者謂氣在口噓吸出入此氣之體無性識也但性識依此氣而生有氣則有識無氣則無識則識從氣生性則神出入也故人之精靈而謂之神云耳目之聰明爲魄者魄體也若無耳目形體不得爲聰明故云耳目聰明爲魄云合鬼神而祭之聖人之教致之也者人之死其神與形體分散各別聖人以生存之時神形和合今雖身死聚合鬼神似若生人而祭之是聖人設教興致之令其如此也

衆生必死死必歸土此之謂鬼骨肉斃于下陰爲野土陰讀爲依蔭之蔭○言人之骨肉蔭於地中爲土壤○斃本亦作弊婢世反陰依注音蔭於鴆反壤如丈反

【疏】衆生至野土○正義曰此一經明鬼神之事○衆生必死者言物之羣衆而生必皆有死○死必歸土者言萬物死者皆歸於土此一經因而言物實是本說人也○此之謂鬼者鬼歸也此歸土之形故謂之鬼也○

骨肉斃于下陰爲野土者此覆說歸土之義也言死骨肉斃敗於地下依陰於地爲野澤土壤謂在田野故稱爲野土俗本陰作蔭字也其氣發揚于上爲昭明焄蒿悽愴此百物之精也神之著也焄謂香臭也蒿謂氣烝出貌也上言衆生此言百物明其與人同也不如人貴爾蒿或爲藨○焄許云反香臭之氣耳蒿許羔反烝之膺反藨表驕反又皮表反〔疏〕其氣至著也○正義曰此一經申明神也此科釋人氣爲神言人生時形體與氣合共爲生其死則形與氣分其氣之精魂發揚升於上爲昭明者言此升上爲神靈光明也○焄蒿悽愴此百物之精也者焄謂香臭也言百物之氣或香或臭蒿謂烝出貌言此香臭烝而上出其氣蒿然也悽愴者謂此等之氣人聞之情有悽有愴百物之精也者人氣揚於上爲昭明百物之精氣爲焄蒿悽愴人與百物共同但情識爲多故特謂之神此經論人亦因人神言百物也○神之著也者人氣發揚於上爲昭明是人神之顯著因物之精制爲之極明命鬼神以爲黔首則百衆以畏萬民以服明命猶尊名也尊極於鬼神不可復

加也黔首謂民也則法也爲民作法使民亦事其祖禰鬼神民所畏服○黔首其廉反徐又其嚴反黑也黑首謂民也秦謂民爲黔首復扶又反爲民于僞反【疏】因物至以服○正義曰此一經明聖人設教合鬼與神而祭之欲使人事其祖禰畏敬鬼神○因物之精制爲之極者言聖人因人與物死之精靈遂造制爲之尊極之稱○明命鬼神以爲黔首則者明猶尊也命猶名也黔首謂萬民也則法也故尊名人及萬物之精謂之鬼神以爲萬民之法則也○百衆以畏萬民以服者百衆謂百官衆庶萬民謂天下衆民旣敬之以鬼神下皆畏敬之故云百衆以畏萬民以服○注明命至畏服○正義曰鬼神本是人與物之魂魄若直名魂魄其名不尊故尊而名之爲鬼神別加畏敬之也云尊極於鬼神不可復加也者解經制爲之極所以明鬼神爲極者言物中尊極莫過鬼神言以外他名不可復加故聖王造制爲之極名鬼神也云黔首謂民也者黔謂黑也凡人以黑巾覆頭故謂之黔首案史記云秦命民曰黔首此紀作在周末秦初故稱黔首此孔子言非當秦世以爲黔首錄記之人在後變改之耳漢家僕隸謂蒼頭以蒼巾爲飾異於民也此經鬼神本爲民神故下文築爲宮室設爲宗祧其實此鬼神亦兼山川五祀百物之屬故禮運云列於鬼神注云謂祖廟山川五祀之屬樂

記云幽則有鬼神注云助天地成物者是百物之鬼謂之鬼對則精靈爲魂形體爲魄故昭七年左傳云人生始化曰鬼旣生鬼陽魂是形爲鬼氣爲魂若散而言之鬼亦性識識與鬼無異故昭二十五年左傳云心之精爽是謂魂魄魂魄去之何以能久又襄二十九年左傳云天奪伯有魄又對而言之天曰神地曰祇人曰鬼散而言之通曰鬼神

聖人以是爲未足也築爲宮室設爲宮祧以別親疏遠邇教民反古復始不忘其所由生也衆之服自此故聽且速也自由也言人由此服於聖人之教也聽謂順教令也速疾也○邇音爾○【疏】聖人至速也○正義曰此一經明聖人爲鬼神立宗廟之事○聖人以是爲未足也者謂以是尊名鬼神爲未足謂未稱其意也○築爲宮室設爲宗祧以別親疏遠邇教民反古復始者古謂先祖追而祭之是反古也始謂初始父母始生於已今追祭祀是復始也○不忘其所由生也者追遠報祭是不忘其所由生也○衆之所服自此者自由也言衆人服從於上由此反古復始而教之也○故聽且速也者聽謂順其教令以此之故在下順

其教令而且疾速也二端既立報以二禮建設朝事燔燎羶薌見以蕭光以報氣也此教衆反始也薦黍稷羞肝肺首心見間以俠甒加以鬱鬯以報魄也教民相愛上下用情禮之至也二端既立謂氣也魄也更有尊名云鬼神也二禮謂朝事與薦黍稷也朝事謂薦血腥時也薦黍稷所謂饋食也見及見間皆當爲覸字之誤也羶當爲馨聲之誤也燔燎馨香覸以蕭光取牲祭脂也光猶氣也有虞氏祭首夏后氏祭心殷祭肝周祭肺覸以俠甒謂雜之兩甒醴酒也相愛用情謂此以人道祭之也報氣以氣報魄以實各首其類○燔音煩燎力召反又力弔反羶依注音馨許經反後羶薌同薌音香見以依注見作覸音間廁之間徐古辯反見間依注合爲覸字音間廁之間俠古洽反甒音武

【疏】二端至至也○正義曰此一節論氣魄既殊明設祭之時二禮亦異○二端既立者謂氣也魄也既見乃更立尊名云鬼神也○報以二禮者謂報此氣魄以二種祭禮報氣謂朝踐之節也報魄謂饋熟之節也○建

設朝事燔燎羶薌見以蕭光以報氣也者此明朝踐報氣之義也朝事謂旦○朝祭事燔燎謂取膟膋燎於爐炭羶謂馨香見以蕭光謂見○覸覸謂雜也光謂氣也謂燔膟膋兼爇蕭蒿是雜以蕭氣此等三祭是以報氣也○此教衆反始也者言此上之祭氣是古昔尚質之義是故教衆之以反於初始此上反古復始揔包之也○薦黍稷羞肝肺首心見閒以俠甒加以鬱鬯以報魄也者薦黍稷者謂饋熟時薦此黍稷羞肝肺首心者羞進也謂薦黍稷之時進肝之與肺及首之與心般祭以肝周祭以肺○虞氏以首夏后氏以心皆謂祭黍稷之時兼此物祭也故郊特牲云祭黍稷加肺謂周法也見閒以俠甒者見閒讀爲覸亦雜也俠甒謂兩甒醴酒言祭黍稷之時雜以兩甒醴酒○加以鬱鬯者謂薦此黍稷加肝肺之薦更加之以鬱鬯然後薦黍稷饋○熟報魄之時始云加鬱鬯者言非但薦熟是報魄言祭初所以加鬱鬯亦是報魄也以魄在地下鬱鬯灌地雖是祭初亦是報魄不當薦熟之時故云加也○以報魄也者言薦黍以下皆是報祭形魄之氣○教民相愛上下用情者言此饋熟之○時皆以飲食實味徧於燕飲是教民相愛上以恩賜逮下下愛上恩賜故上下○用情○禮之至也者至謂至極也謂報氣報魄二禮備足是祀奉上王禮之至極也○注二端至其類○正義曰云更有尊名云

鬼神也者解經二端既立氣也魄也是二端更有尊名名鬼神是既立謂尊名立也云二禮謂朝事與薦黍稷也者以經云朝事以報氣薦黍稷以報魄也云見及見間皆當爲覸字之誤也者經云見以蕭光但有見字在旁無間閒旁無見字此等據意皆是覸雜之理故知誤加以間邊加見凡覸者所見錯雜之義故間旁見也云羶當爲馨以與香連文無取羶義羶馨聲相近故云聲之誤也云取牲祭脂也者案詩生民云取蕭祭脂是取蕭與祭牲之時雜燒之一祭之中再度焫蕭朝踐燔膟膋之時亦有蕭也故郊特牲云取膟膋升首報陽也注云膟膋腸間脂也與蕭合燒之是朝踐焫蕭也郊特牲又云既奠祭後焫蕭合羶薌是饋熟焫蕭也云有虞氏祭首至周祭肺皆明堂位文云兩甒醴酒也者以士喪禮既夕等皆以甒盛醴故知醴酒也此用甒者蓋是天子追享朝踐用大尊此甒即大尊或可子男之禮禮器云君尊瓦甒謂子男也皇氏以爲異代法也云報氣以氣報魄以實各首其類者燔燎馨香蕭光之屬是氣也黍稷肝肺之屬是實物也首本也報氣以氣是虛遠以馨香虛氣報之報魄以實還以黍稷實物報之各本其事類故云各首其類也○

附釋音禮記注疏卷第四十七

禮記注疏卷四十七挍勘記　阮元撰盧宣旬摘錄

祭義第二十四

祭不欲數節

祭不欲數數則煩煩則不敬祭不欲疏疏則怠至無樂 惠棟挍宋本無此廿一字

春禘者夏殷禮也周以禘爲殷祭更名春祭至曰祠 惠棟挍宋本作春禘至曰祠

郊特牲以注禘當爲礿 監本如此惠棟挍宋本毛本作以郊特牲注

致齊於內節

思其所嗜 各本同石經同釋文出所耆云注及下並同○按嗜正字耆假借字

致齊至齊者　惠棟挍宋本無此五字

此一節明祭前齊日之事　監本毛本如此惠棟挍宋本無日字

祭之日入室節

祭之至之聲　惠棟挍宋本無此五字

孝子當想象僾僾髣髴見也詩云愛而不見　閩監毛本同惠棟挍宋本髣髴作髣髴衞氏集說同段玉裁挍本謂當作孝子當想象僾然說文曰僾仿佛見也詩云僾而不見

祝闔牖戶　閩監本同與士虞禮記合毛本牖誤牗

如尸一食九飯之須　惠棟挍宋本同閩監毛本須作頃衞氏集說同

君子生則敬養節

享猶祭也饗也　閩監毛本同岳本同嘉靖本同衞氏集說同考文引足利本饗作鄉按釋文出鄉也

浦鏜按云鄉誤饗

君子至私也 惠棟按宋本無此五字

唯聖人爲能饗帝節

唯聖至之也 惠棟按宋本無此五字

夫人奠設盎齊之奠 閩監毛本同惠棟按宋本奠作尊下文預設盎齊之尊同按注設盎齊之奠各本俱作奠蓋注與䟽異本浦鏜按則并改注盎齊之奠作盎齊之尊

文王之祭也節

謂夜而至旦也 惠棟按宋本有而字宋監本岳本嘉靖本衞氏集說同考文引古本足利本同此本而字脫閩監毛本同

文王至必哀 惠棟按宋本無此五字

言文在廟中　閩監毛本同惠棟挍宋本文下有王字

如似眞見親所愛　閩監毛本同考文云宋板似作以衞氏集說無似字

王肅然解欲色　閩監毛本同浦鏜挍然字當在解欲色下誤倒在上

得其夜發夕至明而不寐　考文引宋板同閩監本得作待毛本得誤侍

故知二人容尸與侑侑也　惠棟挍宋本衞氏集說同此本侑字誤重閩監毛本同

仲尼嘗節

濟濟者容也　各本同石經同釋文出濟濟者客也云口白反賓客也下客以遠同按岳氏九經三傳沿革例云石經舊監本蜀大字本及越本注疏並作容諸本間以王肅音爲口白反遂作客非是

夫何慌惚之有乎　閩監毛本同石經同岳本同嘉靖本同衞氏集說同坊本作恍忽按釋文出慌惚云本又作忽石經考文提要云宋大字本宋本九經南宋巾箱本余仁仲本劉叔剛本並作慌惚下以其慌惚同

仲尼至當也　惠棟挍宋本無此五字

謂容貌自反覆而脩正也　閩監毛本同惠棟挍宋本正作整衞氏集說同下以自脩正同

言孝子若作賓客之容　閩監毛本同惠棟挍宋本無作字

更覆結之　惠棟挍宋本如此此本之上衍上字閩本同監毛本結之誤結上文

言親親對孝子之辭　閩監毛本同考文云宋板無對字

又容以自反與容以遠相對　閩監毛本同惠棟挍宋本容以自反作客以自反按客以自反之容不當作客容以遠之容當作客也

孝子將祭節　惠棟挍云孝子節宮室節於是諭其志意節宋本合爲一節

孝子至治之　惠棟挍宋本無此五字

宮室既脩節

夫婦齊戒沐浴盛服閩監毛本同石經同岳本同嘉靖本同衛氏集說同坊本盛服二字無石經考文提要云宋大字本宋本九經南宋巾箱本余仁仲本並有盛服二字

脩設謂除及黝堊惠棟挍宋本除上有埽字岳本嘉靖本宋監本衛氏集說同考文引古本足利本同此本埽字脫閩監毛本同

宮室至進之閩監毛本同惠棟挍宋本作洞洞至也與

於是諭其志意節

言想見其仿佛來惠棟挍宋本宋監本岳本嘉靖本仿作彷佛字同閩監毛本彷佛作彷彿衛氏集說同釋文同疏放此

於是至志也惠棟挍宋本無此五字

孝子之祭也節

孝子至之也　惠棟挍宋本無此五字

以其禮包衆事非可極　惠棟挍宋本非下有一字續通解同衞氏集說同此本一字脫閩監毛本同

孝子之祭可知也節

謂齊莊　惠棟挍宋本上有齊字宋監本岳本嘉靖本衞氏集說同考文引古本足利本同此本脫閩監毛本同

孝子至之矣　惠棟挍宋本無此五字

孝子之有深愛者節

不失其孺子之心也　各本同釋文孺作𢘻

孝子至道也　惠棟按宋本無此五字

先王之所以治天下者五節

先王至家也　惠棟按宋本無此五字

無加於孝乎　閩監毛本同惠棟按宋本加上有以字衛氏集說同無乎字

言先王設教之原　閩監毛本同惠棟按宋本原作源

子曰立愛自親始節

錯諸天下　各本同石經錯字摩滅釋文出措諸○按措正字錯假借字

子曰至不行　惠棟按宋本無此五字

言皆行也　惠棟按宋本此下標禮記正義卷第五十五終記云凡卅二頁

郊之祭也節　惠棟按宋本自此節起至建國之神位節止第五十六卷卷首題禮記正義卷

第五十六

郊之至至也 惠棟挍宋本無此五字

此一節論祭祀之禮 閩監毛本同衞氏集說祭作郊

祭之日節

祭之至至也 惠棟挍宋本無此五字

君從此待之也 閩監毛本同惠棟挍宋本此作北續通解同

以供炙肝及爇蕭也 惠棟挍宋本如此衞氏集說同此本肝誤胙蕭誤簫爇字闕閩監毛本作以供炙胙及焫簫也並誤

按說文及字林云 惠棟挍宋本同閩監毛本云誤文

郊之祭節

郊之至及闇　惠棟挍宋本無此五字

祭日於東節　惠棟挍云祭日於東節日出節宋本合爲一節

祭日至其位〇正義曰端正也　惠棟挍宋本無上九字

天下之禮節

變和言物互之也　閩本同考文引宋板同岳本同嘉靖本同衛氏集說同監毛本之作文

天下至微矣　惠棟挍宋本無此五字

宰我曰吾聞鬼神之名節

宰我至至也　惠棟挍宋本無此五字

氣者是人之盛極也　考文引宋板同閩監毛本人作神

是聖人設教興致之　惠棟挍宋本作興衛氏集說同此本興字闕閩監毛本興作時

衆生必死節

陰讀爲依蔭之蔭 閩本岳本宋監本嘉靖本衛氏集說同監毛本蔭作廕下同

因物之精節

因物至以服 惠棟挍宋本無此五字

所以明鬼神爲極者 閩監毛本同惠棟挍宋本明作名

旣生魄陽曰魂 毛本有曰字衛氏集說同此本曰字脫閩監本同

二端旣立節

二端至至也 惠棟挍宋本無此五字

旣見已興立尊名云鬼神也 惠棟挍宋本同閩監毛本已興誤乃更

謂見覵 閩監毛本同浦鏜挍云疑見當爲覵之誤段玉裁挍本云當是見讀爲覵

盧氏以首惠棟挍宋本上有有字此本有字脫閩監毛本同

言祭初所以加鬱鬯閩監毛本同惠棟挍宋本無以字衞氏集說同

下愛上恩賜閩監毛本同衞氏集說同惠棟挍宋本愛作受

是祀奉上王閩監毛本上作先惠棟挍宋本祀作禮盧文弨挍云上字非

或可子男之禮惠棟挍宋本同衞氏集說同閩監毛本可誤曰

禮記注疏卷四十七挍勘記

附釋音禮記注疏卷第四十八

祭義

禮記　鄭氏注　孔穎達疏

君子反古復始不忘其所由生也是以致其敬發其情竭力從事以報其親不敢弗盡也從事謂修薦可以祭者也【疏】君子至盡也○正義曰此一節申明反古復始竭力報親之事○是以致其敬發其情者以君子反古復始不忘其所由生是以故致其恭敬發其情性竭力從事以報其親謂竭盡氣力隨從其事以上報其親不敢不極盡也是故昔者天子爲藉千畝冕而朱紘躬秉耒諸侯爲藉百畝冕而青紘躬秉耒以事天地山川社稷先古以爲醴酪齊盛於是

乎取之敬之至也藉藉田也先古先祖○藉在亦反藉田說文作耤紘音宏耒方內反酪音洛齊音咨本亦作齍〔疏〕是故至至也○正義曰以君子報親不敢不盡心以事之故古天子諸侯有藉田以親耕○以事天地山川社稷先古者上雖揔論天子諸侯此言天地者特據天子自外則通先古謂先祖也以爲醴酪齊盛於是乎取之者爲祭祀諸神須醴酪粢盛之屬於是乎藉田而取之敬之至也○古者天子諸侯必有養獸之官及歲時齊戒沐浴而躬朝之犧牷祭牲必於是取之敬之至也君召牛納而視之擇其毛而卜之吉然後養之君皮弁素積朔月月半君巡牲所以致力孝之至也歲時齊戒沐浴而躬朝之謂將祭祀卜牲君朔月月半巡視之君召牛納而視之更本擇牲意○朝直遙反注躬朝同牷音全〔疏〕古者至至也○正義曰此一經明孝子報親竭力養牲之事及歲時齊戒沐浴而躬朝之者云歲時謂[illegible]

歲依時謂朔月月半也躬親也既卜牲吉在牢養之而身朝之言朝者敬辭也○犧牷祭牲必於是取之者犧純色謂天子牲也牷完也謂諸侯牲也犧牷所祭之牲必於是養獸之官受擇取之養獸者若周禮牧人也○君召牛納而視之者此更本擇牲之時君於牧處更命取牛來納之於內而視之○君皮弁素積朔月月半君巡牲者即前言歲時朝之也巡行也皮弁諸侯視朔之服朔月月半君服此衣而巡牲○所以致力孝之至也者是孝道之至極耕藉云敬之至養牲云孝之至互文也

古者天子諸侯必有公桑蠶室近川而爲之築宮仞有三尺棘牆而外閉之及大昕之朝君皮弁素積卜三宮之夫人世婦之吉者使入蠶于蠶室奉種浴于川桑于公桑風戾以食之大昕季春朔日之朝也諸侯夫人三宮半王后也風戾之者及早凉脆採之風戾之使露氣燥乃以食蠶蠶性惡濕○近附近之近仞音刃七尺曰仞昕許斤反日欲出蠶才南反奉芳勇反下及注同種章勇反戾力

計反燥也食音嗣蚤音早本亦作早脃七歲反燥悉皁反惡烏路反歲既單矣世婦卒蠶奉繭以示于君遂獻繭于夫人夫人曰此所以爲君服與遂副禕而受之因少牢以禮之歲單謂三月月盡之後也言歲者蠶歲之大功事畢於此也副禕王后之服而云夫人記者容二王之後與禮之禮奉繭之世婦○單音丹繭古典反與音餘注同禕音暉○古之獻繭者其率用此與問者之辭○率音類又音律又所律反○及良日夫人繅三盆手遂布于三宮夫人世婦之吉者使繅遂朱綠之玄黃之以爲黼黻文章服既成君服以祀先王先公敬之至也三盆手者三淹也凡繅每淹大揔而手振之以出緒也○縿悉刀反下同說文作繅云抽繭出絲也以此爲旒縿字音所咸反盆蒲奔反淹也掩本亦作淹徐於驗反又於斂反

〔疏〕古者

至至也○正義曰此一節廣明孝子報親養蠶爲祭服祀先王先公之事○公桑蠶室者謂官家之桑於處而築養蠶之室○近川而爲之者取其浴蠶種便也○築宮仞有三尺棘牆而外閉之者築宮謂築養蠶宮牆七尺曰仞言牆之七尺又有三尺高一丈也傳曰雉有三尺雉字者誤也棘牆者謂牆上置棘外閉謂扇在戶外閉也○大昕之朝爲季春朔日之朝卜三宮之夫人者諸侯之夫人半王后故三宮○世婦之吉者亦諸侯世婦卜取之吉者前雖則摠擧天子諸侯此特擧諸侯互言之○奉種浴于川者言蠶將生之時而又浴之初於仲春已浴之至此更浴之○風戾以食之者戾乾也淩早采桑必帶露而濕蠶性惡濕故乾而食之○歲既單矣者單盡也三月之末四月之初○遂獻繭于夫人者蠶是婦人之事故獻繭于夫人○夫人曰此所以爲君服與者所擧奉處重○遂副褘而受之者既擬于君之祭服故夫人首著副身著褘衣受此所獻之繭○因少牢以禮之接獻繭之世婦○古之獻繭者其率用此與者率法也夫人曰獻繭之法自古如此邪重事之義故問之也○及良日夫人繅者良日謂吉日宜繅之日明繅更擇吉利之日日至而後乃夫人自繅○三盆手者猶三淹也手者每淹以手振出其緒故云三盆手○遂布于三宮夫人世婦之吉者使繅者以夫人親繅

三盆以手振出其緒訖遂布與三宮夫人世婦之吉者既據諸侯言之則夫人唯一人世婦之吉者此雜互天子而言之以天子有三夫人就其中取吉者若諸侯唯世婦之吉者養蠶繅非一人而已唯云世婦之吉者擇其吉者以爲主領非唯一人而已○以祀先王先公敬之至也者前云解耕藉男子之事故云以事天地山川社稷兼云先祖養蠶是婦人之事婦人不與外祭故云以祀先王先公其實養蠶爲衣亦事天地山川社稷○注副禕至後與○正義曰案內司服注云唯二王後禕衣與此注同案明堂位魯公夫人亦用禕衣此不言者魯爲特賜非常法此據常者故不言

君子曰禮樂不可斯須去身斯須猶須臾也致樂以治心則易直子諒之心油然生矣易直子諒之心生則樂樂則安安則久久則天天則神天則不言而信神則不怒而威致樂以治心者也子讀如不子之子諒信也油然物始生好美貌○易以豉反下同子如字徐將吏反及下注同諒音亮下同油音由樂樂並音洛下

（不樂同○）致禮以治躬則莊敬莊敬則嚴威（躬身也）心中斯須不和不樂而鄙詐之心入之矣外貌斯須不莊不敬而慢易之心入之矣故樂也者動於內者也禮也者動於外者也樂極和禮極順內和而外順則民瞻其顏色而不與爭也望其容貌而衆不生慢易焉（極至也○爭爭鬬之爭○）故德煇動乎內而民莫不承聽理發乎外而衆莫不承順（理謂言行也○煇音輝行下孟反下理行而行皆同）故曰致禮樂之道而天下塞焉舉而錯之無難矣（塞充滿也○而措本又作錯七故反）樂也者動於內者也禮也者動於外者也

故禮主其減樂主其盈禮減而進以進爲文樂盈而反以反爲文減猶倦也盈猶溢也樂以統情禮以理行人之情有溢而行有倦倦而進之以能進者爲文溢而使反以能反者爲文文謂才美。減胡斬反又古斬反下同禮減而不進則銷樂盈而不反則放故禮有報而樂有反報皆當爲褒聲之誤。銷音消報依注音褒保毛反下音同。禮得其報則樂樂得其反則安禮之報樂之反其義一也

疏君子至一也。正義曰此一節已具於樂記但記者別人故於此又記之其義已具在樂記故於此不繁文也

曾子曰孝有三大孝尊親其次弗辱其下能養公明儀問於曾子曰夫子可以爲孝乎曾子曰是何言與是何言與君子之所爲孝者先意

承志諭父母於道參直養者也安能爲孝乎公明儀曾子弟子○養羊尚反後皆同與音餘先悉薦反參徐所林反○曾子曰身也者父母之遺體也行父母之遺體敢不敬乎居處不莊非孝也事君不忠非孝也涖官不敬非孝也朋友不信非孝也戰陳無勇非孝也五者不遂烖及於親敢不敬乎遂猶成也○莅音利又音類本又作涖陳直覲反烖音災於親本又作裁及於身○亨孰羶薌嘗而薦之非孝也養也君子之所謂孝也者國人稱願然曰幸哉有子如此所謂孝也已然猶如也○亨普彭反薦將見反○衆之本教曰孝其行曰養養可能也敬爲難敬可

能也安爲難安可能也卒爲難父母既沒慎行其身不遺父母惡名可謂能終矣仁者仁此者也禮者履此者也義者宜此者也信者信此者也強者強此者也樂自順此生刑自反此作曾子曰夫孝置之而塞乎天地溥之而橫乎四海施諸後世而無朝夕推而放諸東海而準推而放諸西海而準推而放諸南海而準推而放諸北海而準無朝夕言常行無輟時也放猶至也準猶平也○遺如字又于季反樂音岳皇五孝反溥本亦作敷同芳于反放甫往反下同至也準諸尹反平也輟張劣反詩云自西自東自南自北無思不服此之謂也

曾子曰樹木以時伐焉禽獸以時殺焉夫子曰斷一樹殺一獸不以其時非孝也夫子孔子也曾子述其言以云○斷丁管反○孝有三小孝用力中孝用勞大孝不匱勞猶功也○匱其媿反下同○思慈愛忘勞可謂用力矣尊仁安義可謂用勞矣博施備物可謂不匱矣思慈愛忘勞思父母之慈愛已而自忘已之勞苦○施始豉反父母愛之嘉而弗忘父母惡之懼而無怨無怨無怨於父母之心○惡烏路反父母有過諫而不逆順而諫之父母既沒必求仁者之粟以祀之此之謂禮終喻貧困猶不取惡人物以事亡親○疏曾子至禮終○正義曰此一節以下至可謂孝矣廣明爲孝子之事今各依文解之○孝有三者大孝尊親一也即是下文云大孝不匱聖人爲天子者

也尊親嚴父配天也○其次弗辱二也謂賢人爲諸侯及卿大夫士也各保社稷宗廟祭祀不使傾危以辱親也即與下文中孝用勞亦爲一也○其下能養三也謂庶人也與下文云小孝用力爲一能養謂用天分地以養父母也○先意承志諭父母於道者先意謂父母將欲發意孝子則預前逆知父母之意而爲之是先意也承志謂父母已有志已當承奉而行之諭父母於道者或在父母意前或在父母意後皆曉諭父母將歸於正道也○五者不遂裁及於親敢不敬乎者遂猶成也若行在上五者事不成其如是裁害必及親所以爲非孝然則君子於上五者豈敢不敬而承之者乎○亨熟羶薌嘗而薦之非孝也養也者言亨熟羶薌之美先自口嘗而後薦之父母此非孝也唯是供養○君子之所謂孝也者國人稱願然曰幸哉有子如此所謂孝也已者言嘗薦美食但是養也非論孝子言若人將爲孝曰此子百行皆美一國之人稱揚羨願然曰如此是羨願之云此子父母有幸遇哉而有孝子如此所謂孝也已謂然而令人羨願如此乃所謂孝也○衆之本教曰孝者言孝爲衆行之根本以此根本而教於下名之曰孝孝則孝經云孝者德之本又云教民親愛莫善於孝是衆行之根本以教於民故謂之孝也○其行曰養者言不能備孝之德其唯行奉上之禮但謂之養者也○

養賢。可能也敬爲難者言供養父母可能爲也但尊敬父母
皃爲難也○敬可能也安爲難者其敬雖難猶可爲也但使
父母安樂爲難也○安可能也卒爲難者卒終也父母在日
使之安樂猶可能也但父母沒後終身行孝是爲難也○父
母既沒慎行其身不遺父母惡名可謂能終矣者解卒爲難
之事其卒者謂父母既沒之後謹慎奉行其身恒在善道不
遺與父母惡名孝子如此可謂能卒矣仁者仁此者也此謂
孝也言欲行仁者先仁恩於此孝也言欲行仁於外必須行
仁恩於父母也故云仁者仁此者也○禮者履此者也履踐
履也言欲行禮於外者必須履踐此孝者也○義者宜此者
也言欲行義於外者必須得宜於此孝也行孝得宜乃可施
義於外○信者信此者也言欲行誠信於外須誠信於孝道
言孝道誠信始可誠信於外○強者強此者也言欲強盛於
外者必須強盛於孝道言行孝道強盛則能強盛於外○樂
自順此生者自由也言身之和樂由順從孝道而生若能順
從孝道則身和樂刑自反此作者言身受刑戮由反此孝道
而與作若違反孝道則刑戮及身○曾子曰夫孝置之而塞
乎天地者自此以前皆曾子之言但此以下事異故更言曾
子曰○夫孝置之而塞乎天地者置謂措置也言孝道措置
於天地之間塞滿天地言上至天下至地謂感天地神明也

○溥之而行乎四海者溥布也布此孝道而橫被於四海言孝道廣遠也溥字而定本作傅傅溥古字溥著之名義俱通其義如此一也○施諸後世而無朝夕者諸於也謂施此孝道於後世而無一朝一夕而不行也終長行之言長久○推而放諸東海而準至北海而準者推謂推排也放至也諸於也言推排孝道至於四海能以爲法準平而法象之無所不從也○詩云自西自東自南自北無思不服者詩大雅文王有聲之詩美武王也言武王之德能如此今孝道亦然四海之內悉以準法而行之與武王同故引以証之○曾子曰樹木以時伐焉者至此之謂禮終亦是曾子之言以語更端故更云曾子○思慈愛忘勞可謂用力矣者以庶人思父母慈愛忘躬耕之勞可謂用力矣○尊仁安義可用勞矣者諸侯卿大夫士尊重於仁安行於義心無勞倦是可謂用勞矣博施備物可謂不匱矣者匱乏也廣博施則德教加於百姓刑于四海是也備物謂四海之內各以其職來助祭如此即是大孝不匱也

○樂正子春下堂而傷其足數月不出猶有憂色門弟子曰夫子之足瘳矣數月不出猶有憂色何也樂

正子春曰善如爾之問也善如爾之問也吾聞諸曾子曾子聞諸夫子曰天之所生地之所養無人爲大父母全而生之子全而歸之可謂孝矣不虧其體不辱其身可謂全矣（曾子聞諸夫子述曾子所聞於孔子之言○數色主反下同瘳丑留反差也○）故君子頃步而弗敢忘孝也今予忘孝之道予是以有憂色也（頃當爲跬聲之誤也予我也○頃讀爲跬缺婢反又丘弭反一舉足爲跬再舉足爲步○）壹舉足而不敢忘父母壹出言而不敢忘父母壹舉足而不敢忘父母是故道而不徑舟而不游不敢以先父母之遺體行殆壹出言而不敢忘

父母是故惡言不出於口忿言不反於身不辱其身不羞其親可謂孝矣徑步邪趨疾也忿言不反於身人不能無忿怒忿怒之言當由其直直則人服不敢以忿言來也○徑古定反邪似嗟反趨七俱反

〔疏〕樂正至孝矣○正義曰此一節論樂正子春傷其足而憂因明父母遺體不可損傷之事○無人爲大者言天地生養萬物之中無如人最爲大故孝經云天地之性人爲貴是也○不虧其體不辱其身可謂全矣者非直體全又須善名得全若能不虧損形體得全不損辱其身是善名得全也○故君子頃步而弗敢忘孝也者頃跬也謂一舉足君子於一舉足之間不敢忘父母也言忘之恐有傷損○是故道而不徑者謂於正道而行不游邪徑正道平易於身無損傷邪徑險阻或於身有患○舟而不游者言渡水必依舟船不浮游水上乘舟則安浮水則危不敢以先父母之遺體行殆者以其不忘父母之遺體故不敢以先父母遺餘之體而行歷危患處○惡言不出於口者悖逆惡戾之言不出於口爲人所賤也○忿言不反於身者謂已之言必能正直人則服之故他人瞋忿之言不反於身定本反於身作及字○不辱其身不羞其親可謂孝矣者揔

結舉足出言二一事身及親竝不羞辱可謂孝矣也

○昔者有虞氏貴德而尚齒夏后氏貴爵而尚齒殷人貴富而尚齒周人貴親而尚齒貴謂燕賜有加於諸臣也尚謂有事尊之於其黨也臣能世祿曰富舜時多仁聖有德後德則在小官○〔疏〕昔者至尚齒○正義曰此前經明孝以下至不敢犯又兼明孝弟故下云孝弟發諸朝廷事兼孝弟也各隨文解之今此一經論四代悌順尚齒之義○有虞氏貴德而尚齒者有虞氏帝德弘大故貴德德之中年高者在前是德中尚齒○夏后氏貴爵而尚齒者夏后之世漸澆薄不能貴德而尚功功高則爵高旣貴其官爵德雖下而爵高高者則貴之由道劣故也故貴爵之中年高者在前故云尚齒○殷人貴富而尚齒者殷人又劣於夏但身有功則與之重爵殷家累世有功世爵而富乃貴之故云貴富亦年高者在前故云尚齒○周人貴親而尚齒者周人又劣於殷敬愛彌狹殷人疏而富者猶貴之周人於已有親乃貴之就此之中亦年高者在前故云尚齒○注貴謂至小官○正義曰鄭恐經云貴者皆班序在上故名之貴謂燕賜有加於諸臣凡四代朝位班序皆以官爵爲次悉皆重爵而夏后

氏貴者但於爵高者加恩賜云尚謂有事尊之於其黨也者謂德爵富親各於其黨類之中而被尊也云舜時多仁聖有德後德則在小官者鄭解虞氏貴德之意以舜時仁聖者多人皆有德其德小先來者已居大官其德大後來者則在小官是小官而德尊者故有虞氏貴之所以燕賜加於大官俗本後德多作小德者。

虞夏殷周天下之盛王也未有遺年者年之貴乎天下久矣次乎事親也 言其先老也。

疏 虞夏至事親也。正義曰此一經覆述虞夏以來尚年之事虞夏殷周天下之盛王也未有遺年者言虞夏殷周雖是明盛之王也未有遺棄其年者悉皆尚齒更無他善以加之年之貴乎天下久矣者從虞夏以來貴年是久矣。次乎事親也者言貴年之次弟近於事親之孝除孝則次弟也

○是故朝廷同爵則尚齒七十杖於朝君問則席八十不俟朝君問則就之而弟達乎朝廷矣 同爵尚齒老者在上也君問則席爲之布席於堂上而與之言凡朝位立於庭魯哀公問於孔子命席不

俟朝君揖之即退不待朝事畢也就之就其家也老而致仕
君或不許異其禮而已○於朝直遙反後皆同弟音悌下及
下注同為于偽反○【疏】行於弟也○是故至廷矣○正義曰此一經明朝廷之中
是故朝廷同爵則尚齒者此因前文尚年以是之故朝廷之中同爵則尚齒官爵同者則貴
尚於齒四代皆然○七十杖於朝君問則席者以其尚齒故
七十者許之據杖於朝若君有問則布席令坐也○八十不
俟朝君問則就之者年已八十不但杖於朝而已見君揖則
退不待朝事畢也○若君有事問之則就其室是遜弟敬老之
道通達於朝廷矣○注凡朝至而已○正義曰知朝位立於
庭者案燕禮大射君與卿大夫皆立卿大夫立於庭君立于
阼階上是也云魯哀公問於孔子命席者儒行文云不俟朝
君揖之即退者案燕禮大射卿大夫立于庭北面君降自阼
階南鄉爾卿卿西面爾大夫大夫皆少進皆北面爾謂揖也
於時老臣君揖則退不待朝事畢也則於路寢門外曰○覲朝
亦揖竟即退不待朝事畢也云老而致仕君或不許異其禮
而已者案曲禮云大夫七十而致仕若不得謝是或不許也
此經中所云是君不許者故七十杖於朝君問則席又八十
不俟朝是異其禮若其致事君許則王制云
七十不俟朝八十杖於朝是君許者與此異

行肩而不

併不錯則隨見老者則車徒辟斑白者不以錯鴈行也父黨隨行兄黨鴈行其任行乎道路而弟達乎道路矣車徒辟乘車步行皆辟老人也斑白者髮雜色也任所擔持也不以任少者代之○併步頂反徐扶頂反辟音避注同行戶剛反下同擔都甘反少詩照反下同○居鄉以齒而老窮不遺強不犯弱衆不暴寡而弟達乎州巷矣老窮不遺以鄉人尊而長之雖貧且無子孫無弃忘也一鄉者五州巷猶閭也○行肩遺如字一本作匱其媿反長丁丈反下文皆同○【疏】行肩至巷矣○正義曰此一節明弟通達於道路○行肩而不併者謂老少並行言肩臂不得併行少者差退在後則朋友肩隨是也○不錯則隨者若兄黨爲鴈行之差錯是父黨則隨從而爲行○見老者則車徒辟者謂少者或乘車或徒步若逢見老者則辟之○斑白者不以其任行乎道路者任謂擔持言班白不以所任之物行于道路少者必代之是弟通達於道路○注錯鴈至鴈行○正義曰錯參差假鴈行爲行父黨隨行王制文○古之道五十不爲

甸徒頒禽隆諸長者而弟達乎獀狩矣四井爲邑四邑爲丘四丘爲甸甸六十四井也以爲軍田出役之法五十始衰不從力役之事也頒之言分也隆猶多也及田者分禽多其老者謂竭作未五十者春獵爲獀冬獵爲狩○甸田見反頒音班獀本亦作廋音蒐所求反狩音獸○軍旅什伍同爵則尚齒而弟達乎軍旅矣什伍士卒部曲也少儀曰軍尚左卒尚右○卒子忽反下同○〔疏〕古之至旅矣○正義曰此一節明弟道達於獀狩○古之道者謂作記之人在於周末於時力役煩重卻道周初之事故云古之道也○五十不爲甸徒者謂方八里之甸徒謂步卒軍法八里出長轂一乘步卒七十二人謂之甸者以供軍賦及田役之事五十者氣力始衰不爲此甸役徒卒頒禽隆諸長者謂四十九以下田畢頒禽之時多長者○注四井至爲狩○正義曰四井爲邑至六十四井也司馬法文云以爲軍田出役之法者謂一甸之中出長轂一乘甲士三人步卒七十二人供君田役事故云以爲軍田出役之法云五十始衰不從力政之事也者王制文云謂竭作未五十者案小司徒云凡起徒役毋過家一人以其餘爲羨唯田與追胥竭作若田與追

胥竭作之時此未五十者猶任田役故須禽之時多此長者云春獵爲獀冬獵爲狩爾雅釋天文經云獀狩夏苗秋獮可知也○注什伍至部也○正義曰五人爲伍二伍爲什士謂甲士卒謂步卒在軍旅之中時主帥部領團曲而聚故云部曲○孝弟發諸朝廷行乎道路至乎州巷放乎獀狩脩乎軍旅衆以義死之而弗敢犯也死之死此孝弟之禮○放方往反○〈疏〉孝弟至犯也○正義曰此一節摠論結上文○孝弟發諸朝廷者即上文而弟達乎朝廷是也在上諸文但云弟此兼云孝者以孝故能弟弟則孝之次也此經摠結前諸文故云孝弟也○衆以義死之而弗敢犯也者言孝弟之道通於朝廷行於道路州巷獀狩軍旅無處不行孝弟以教衆庶也故衆以道理之義死於孝弟也言行孝弟雖死不捨不敢犯此孝弟而不行也○祀乎明堂所以教諸侯之孝也食三老五更於大學所以教諸侯之弟也祀先賢於西學所以教諸侯之德也耕

耤所以教諸侯之養也朝覲所以教諸侯之臣也五者天下之大教也祀乎明堂宗祀文王西學周小學也先賢有道德王所使教國子者○食音嗣下同更古衡反下同大學音泰下大學注大下皆同

〔疏〕祀乎至教也○正義曰此一節廣明孝弟之道養三老五更及齒學之事○祀乎明堂所以教諸侯之孝也者於周言之祀文王也故樂記云祀文王於明堂是也○食三老五更於大學所以教諸侯之弟也者案孝經云雖天子必有父也注謂養老也父謂君老也此食三老而屬弟者以上文祀文王於明堂爲孝故以食三老五更爲弟文有所對也○祀先賢於西學所以教諸侯之德也者以先賢有德故祀之令諸侯尊敬有德故云教諸侯之德此西學鄭注云周小學則周之小學在西郊則王制云養庶老於虞庠虞庠在國之西郊是也○注祀乎至子者○正義曰云祀乎明堂宗祀文王者鄭以樂記武王伐紂稱祀乎明堂而民知孝彼謂文王廟制如明堂武王伐紂後而祀之恐此祀乎明堂亦與彼同故云謂宗祀文王也實於明堂之中知者以此經廣明周法故○五者天下之大教明不獨論武王是指周公制禮之後宗祀文王也云西學周之小學也者謂虞

庠也以祀先賢明於虞庠小學故大司樂云凡有道者有德者使教焉死則以爲樂祖祭於瞽宗文王世子又云書在上庠以此知祭先賢所通之經各於所習之學若瞽宗則在國虞庠爲小學者則在西郊今祀先賢則於西郊也

食三老五更於大學天子袒而割牲執醬而饋執爵而酳冕而揔干所以教諸侯之弟也是故鄉里有齒而老窮不遺強不犯弱衆不暴寡此由大學來者也割牲制俎實也冕而揔干親在舞位以樂侑食也教諸侯之弟次事親○酳音胤又事覲反○天子設四學當入學而大子齒四學謂周四郊之虞庠也文王世子曰行一物而三善皆得唯世子而已其齒於學之謂也○

〔疏〕食三至子齒○正義曰此一節明養三老五更之禮而竭其力下象其德○天子袒而割牲者謂牲入之時天子親割也○執醬而饋者謂食之時親執醬而饋也○執爵而酳者謂食罷親執爵而酳之也○冕而揔干者干盾也親在舞位持盾而舞也○是故鄉

里有齒者以天子敬老鄉里化之故有齒也○老窮不遺者老而被養故在下年老及困窮者皆化上而養之故不見遺棄作記者以老弱被尊養人皆化上故強不犯弱衆不暴寡○此由大學來者也所致此養三老五更於大學故此化而求○天子設四學者謂設四代之學周學也殷學也夏學也虞學也○當入學而大子齒天子設四學以有虞庠爲小學設置於四郊是天子設四學據周言之當入學而大子齒者當入學之時而大子齒於國人故云而大子齒○注四學至庠也○正義曰皇氏云四郊虞庠以爲四郊皆有虞庠○

天子巡守諸侯待于竟天子先見百年者問其國君以百年者所在而往見之○守手又反本亦作狩竟居領反○**八十九十者東行西行者弗敢過西行東行者弗敢過欲言政者君就之可也**弗敢過者謂道經之則見之○

〔疏〕天子至可也○正義曰此一節亦明尙齒貴老之義○天子巡守者謂巡行守土諸侯○諸侯待于竟天子先見百年者謂天子問此諸侯之國內有百年之人天子則先往就見百年者八十九十者東行西行者弗敢過者既未滿

百歲不可一一就見若天子諸侯因其行次或東行西行至八十九十者或閭里之旁不敢過越而去必往就見之○欲言政者若就之可也者謂八十九十之人雖不當道路左右欲共言論政教君即往就之可也**壹命齒于鄉里再命齒于族三命不齒族有七十者弗敢先**此謂鄉射飲酒時也齒者謂以年次立若坐也三命列國之卿也不復齒席之於賓東不敢先族之七十者謂既一人舉觶乃入也雖非族亦然承齒乎族故言族爾○復扶又反下文注將復入同觶之豉反○**七十者不有大故不入朝若有大故而入君必與之揖讓而后及爵者**謂致仕在家者其入朝君先與之爲禮而后揖卿大夫士〔疏〕壹命至爵者○正義曰此一節明鄉里之中敬齒之法○一命齒于鄉里者此謂鄉射飲酒之時身有一命官者或立或坐齒與鄉人同○再命齒于族者謂身有再命之官其命既高鄉人疏者雖復年高不與之齒但族親之內計長幼爲班序○三命不齒者謂身在三命官其命轉尊不復齒於親族謂特坐賓東○族有七十者弗敢先者若此飲酒之時族親

之內有年七十者令其先入此三命者乃始後入故云不敢先也○注此謂至族爾○正義曰此經云齒于鄉里齒于族未知何時如此故明之云謂鄉射飲酒時鄉射謂鄉人詢衆庶而爲射於時先行飲酒之禮是鄉射有飲酒者也又云飲酒者謂鄉人飲酒及黨正飲酒此注鄉射飲酒兼此三義也今案儀禮鄉飲酒及鄉射無一命齒于鄉里再命齒于族之文此一命再命之文在黨正故鄭注鄉飲酒云此篇無正齒位之事是也雖無正齒位之事其實鄉射鄉飲酒亦有正齒位之禮但文不備也故此云鄉射飲酒以摠正齒位之事也云齒者謂以年次立若坐也者士立於堂下大夫坐於堂上知者鄉射云大夫受獻訖及衆賓皆升就席於時雖立至徹俎即坐鄉射記又云既旅士不入不見士坐之文明立于堂下云三命列國之卿也者據諸侯言之謂當飲酒之時若天子國黨正飲酒三命不齒謂上士也以天子上士三命故也此經雖據諸侯亦謂黨正飲酒故云三命不齒鄭注三命列國之卿若其鄉飲酒諸侯之國但爵位爲鄉大夫雖再命一命皆得不齒以鄉飲酒賓賢能其賓必少其得爵爲鄉大夫者必年長於賓故在賓東西面○而不齒若黨正飲酒以正齒位其賓必長故天子諸侯之國三命乃不齒知鄉飲酒爵爲卿大夫乃不齒者案鄉飲酒云席于賓東公三重大夫再重

注云席此二者於賓東尊之不與鄉人齒也天子之國三命者乃不齒於諸侯之國爵爲大夫則不齒是大夫坐於上士立於下者謂諸侯之國若天子黨正飲酒一命下士立於下再命中士齒於父族坐於堂上三命上士席於賓東云不敢先族之七十者謂既一人舉觶乃入也者族七十者初飲酒之時則與賓衆先入此三命者得爲待獻賓獻介獻衆賓之後至一人舉觶之時乃始入也故鄉飲酒鄉射記皆大夫樂作之前一人舉觶之後乃始得入也若然大夫之入依禮自當一人舉觶之時縱令無族人七十者亦當如此又族之七十者及鄉人少者於先已入今特云族有七十者不敢先記人之意以身有三命應合在族人七十者之先欲明敬齒上老故云不敢先爾是以鄭注云雖非族亦然但鄉人長老皆上之既人然後始入此有族有七十者熊氏云謂黨正飲酒故正齒位故有七十若鄉飲酒之禮則無七十者故鄉飲酒明日乃息司正告于先生君子是老者明日乃入也○天子有善讓德於天諸侯有善歸諸天子卿大夫有善薦於諸侯士庶人有善本諸父母存諸長老祿爵慶賞成諸

宗廟所以示順也薦進也成諸宗廟於宗廟命之祭統有十倫六曰見爵賞之施焉○見賢遍反施始豉反〔疏〕天子至順也○正義曰此一節明有善讓於尊上示以敬順之道不敢專也○昔者聖人建陰陽天地之情立以爲易易抱龜南面天子卷冕北面雖有明知之心必進斷其志焉示不敢專以尊天也善則稱人過則稱已教不伐以尊賢也立以爲易謂作易易抱龜易官名周禮曰大卜大卜主三兆三易三夢之占○卷古本反知音智斷丁亂反○〔疏〕昔者至賢也○正義曰此一節亦明其不敢專輒尊賢之事也○立以爲易者聖人謂伏羲文王之屬與建陰陽天地之情仰觀天文俯察地理立此陰陽以作易即今時易也易抱龜南面天子卷冕北面者立爲占易之官抱龜南面尊其神明故南面天子親執甲道服袞冕北面○必進斷其志焉者言天子雖有顯明哲知之心必進於龜之前令龜斷決其已之所有爲之志示不敢自專以尊敬上天也○教不伐以

尊賢也者有善稱人有過稱已教在下不自伐其善以尊敬賢人也○注周禮至之占○正義曰此稱官者於周禮稱大卜三兆者玉瓦原也鄭注云言兆形似玉瓦原之亹罅原田也杜子春云玉兆帝顓頊之兆瓦兆帝堯之兆原兆有周之兆三易者連山歸藏周易杜子春云連山宓戲歸藏黃帝鄭作易讚云夏曰連山殷曰歸藏周曰周易三夢一曰致夢二曰觭夢三曰咸陟○孝子將祭祀必有齊莊之心以慮事以具報物以脩宮室以治百事謂齊之前後也及祭之日顏色必溫行必恐如懼不及愛然如懼不及見其所愛者○恐曲勇反其奠之也容貌必溫身必詘如語焉而未之然奠之謂酌尊酒奠之及酳之屬○如語焉而未之然如有所以語親而未見荅○以語魚預反○宿者皆出其立卑靜以正如將弗見然宿者皆出謂賓助祭者事畢出去也如將弗見然祭事畢而不知親所在思念之深如不見出也○及祭之後陶陶

遂遂如將復入然思念既深如覩親將復入也陶陶遂遂相隨行之貌○陶音遥遂本
又作燧音遂○是故慤善不違身耳目不違心思慮不
違親結諸心形諸色而術省之孝子之志也
術當爲述聲之誤也○
思息嗣反術義作述○
〔疏〕孝子至志也○正義曰此一節明孝子將祭祀之時顏色容貌
務在齊莊卑詘思念其親存也以慮事者言孝子先齊莊其
心以謀慮祭事○以具服物者以備具衣服及祭物○以治
百事者謂齊前後凡治百衆之事行必恐如懼不及愛然者
言孝子色必温和行必戰恐其形貌如似畏懼不及見親之
所愛然止由如是言心貌必温○身必詘者言孝子設奠及
酳之時容貌温和身形必卑詘○如語焉而未之然者如以
語諮白於親而未之見報荅者○宿者皆出者謂助祭所宿
之賓今祭事已畢並皆出去孝子其立卑柔静默然後以正
定心意以思念其親如似將不復見顏色出然○及祭之後
陶陶遂遂如將復入然者孝子思念親深及至祭後想像親
來形貌陶陶遂遂如似親將復反更入然○是故慤善不違
身者以孝子思念親深爲是之故精慤純善之故行不違離

於身言恒慤善也○耳目不違心者言忠心思慮不違於親無時歇也○結諸心者言思念深結積於心○形諸色思念其親形見於色○而術省之者術述省視也言思念其親但偏循述而省視之反覆不忘也此乃孝子思念親之志也○

建國之神位右社稷而左宗廟周尚左也

〔疏〕建國至宗廟○正義曰此一節明神位所在周人尚左故宗廟在左社稷在右案桓二年取郜大鼎納於大廟何休云質家右宗廟尚親親文家右社稷上尊尊此說與鄭合故鄭云周尚左也○

附釋音禮記注疏卷第四十八

江西南昌府學栞

禮記注疏卷四十八挍勘記

阮元撰盧宣旬摘錄

祭義

君子反節

君子至盡也　惠棟挍宋本無此五字

是故昔者天子節

爲藉千畝　惠棟挍宋本同石經同岳本同嘉靖本同衞氏集說同閩監毛本藉誤籍釋文出爲藉下爲藉同注疏放此

是故至至也　惠棟挍宋本無此五字

古者天子諸侯必有養獸之官節

古者至至也　惠棟挍宋本無此五字

必於是養獸之官　閩監毛本同惠棟挍宋本無於字衛氏集說同

古者天子諸侯必有公桑蠶室節

棘牆而外閉之　惠棟挍宋本作墻石經岳本嘉靖本衛氏集說同此本牆誤牆閩監毛本同今正

使入蠶于蠶室　各本同石經同釋文出使蠶無入字

及早涼脆採之　閩本同嘉靖本同岳本脆作脃釋文同監毛本脆誤脃惠棟挍宋本脆字同採作采衛氏集說同早字各本同釋文出蚤云本亦作早

夫人繅三盆手　各本同石經同釋文出夫人繅云下同說文作繅

服既成　各本同監本成誤戌

三淹也　各本同釋文出三掩云本亦作淹按詩瞻卬疏引作䋕

古者至至也　惠棟挍宋本無此五字

傳曰雉有三尺 閩監毛本同惠棟挍宋本曰作云

君子曰禮樂不可斯須去身節

倦而進之 閩監毛本同惠棟挍宋本而作則宋監本岳本嘉靖本衛氏集說同考文引古本足利本同下溢則使反同

君子至一也 惠棟挍宋本無此五字

曾子曰孝有三節

亨孰羶薌 閩監本如此石經同岳本同嘉靖本同衛氏集說同毛本孰作熟釋文出亨孰按各本疏並作熟

嘉而弗忘 閩本惠棟挍宋本宋監本石經岳本嘉靖本同衛氏集說同監毛本嘉作喜陳澔集說同石經考文提要云宋大字本余仁仲本劉叔剛本並作嘉

曾子至禮終 惠棟挍宋本無此五字

謂用天分地以養父母也 考文引宋板同衛氏集說同閩監毛本用作因

而教於下名之曰孝孝 惠棟挍宋本不重孝字衛氏集說同此本複衍孝字閩監本同毛本作名之曰教孝亦誤

言不能備孝之德 閩本同惠棟挍宋本同監毛本備作稱衛氏集說亦作備

養賢可能也 補案賢字誤衍

可用勞矣者 補案可下誤脫謂字

施諸世後世 補案上世字誤衍

廣博施則德教加于百姓 惠棟挍宋本博下有於字閩監毛本並脫

此卽是大孝不匱也 閩監毛本如此惠棟挍宋本無卽字

樂正子春節

樂正至孝矣惠棟挍宋本無此五字

言念之恐有傷損考文引宋板念字同閩監毛本念誤忘惠棟挍宋本傷損作損傷

而行不游邪徑惠棟挍宋本同閩監毛本游作由衞氏集說同

可謂孝矣也惠棟挍宋本同閩監毛本矣也二字倒衞氏集說無也字

昔者有虞氏節

昔者至尚齒惠棟挍宋本無此五字

皆班序在上故名之閩監毛本同惠棟挍宋本名作明

是故朝廷節

是故至廷矣惠棟挍宋本無此五字

則於路寢門外曰視朝閩監毛本同考文云宋板曰作日

行肩而不併節

無弃忘也　岳本嘉靖本衞氏集說同閩監毛本弃作棄

行肩至巷矣　惠棟挍宋本無此五字

古之道節

軍旅什伍　閩監本同石經同岳本同嘉靖本同衞氏集說同毛本伍誤五

古之至旅矣　惠棟挍宋本無此五字

供君田役事　閩監本同毛本君作軍衞氏集說無君字

不從力政之事也者　閩本同惠棟挍宋本同監毛本政作役按王制作政

此未五十者猶任田役　閩監毛本同考文云宋板任作在衞氏集說同

孝弟發諸朝廷節

脩乎軍旅各本同石經同考文云古本脩作循按家語亦作循

孝弟至犯也惠棟挍宋本無此五字

此一節總論結上文閩監毛本同惠棟挍宋本節作經衞氏集說同

祀乎明堂節惠棟挍云祀乎節食三老節宋本合爲一節

所以教諸侯之孝也各本同毛本教誤敬

祀乎至教也惠棟挍宋本無此五字

實於明堂之中閩監毛本同惠棟挍宋本於作在

故五者天下之大教閩監毛本同惠棟挍宋本故下有云字

食三老五更於大學節

天子袒而割牲各本並作而此本而誤則今訂正

行一物而三善皆得　閩監毛本同岳本同嘉靖本同衞氏集說同考文云宋板無皆字

食三至子齒　惠棟挍宋本無此五字

以天子敬老鄉里化之　閩監毛本同衞氏集說同考文云宋板子作下

壹命齒于鄉里節

一命至爵者　惠棟挍宋本無此五字

此一節明鄉里之中　閩監毛本同衞氏集說同惠棟挍宋本節作經

一命齒于鄉里者　閩監毛本同惠棟挍宋本一作壹下無一命齒于鄉里同

此三命者得爲待獻　閩監毛本同惠棟挍宋本無得字衞氏集說同

孝子將祭祀節

及酳之屬　閩監毛本同惠棟挍宋本下有也字宋監本岳本嘉靖本衞氏集說同

如將復入然　閩監本同石經同岳本同嘉靖本同衛氏集說同考文引宋板同毛本復誤弗

孝子至志也　惠棟挍宋本無此五字

然止由如是言心貌必温　閩監毛本同山井鼎云宋板言下闕字心貌必温屬下句讀盧文弨挍云止由如是言心疑當作其貌之也容

術述省視也　閩監毛本同惠棟挍宋本述下有也字衛氏集說同

此乃孝子思念親之志也　閩監本同惠棟挍宋本無乃字衛氏集說同毛本親誤其

建國之神位節

建國至宗廟　惠棟挍宋本無此五字

何休云　閩監本同毛本何誤在

附釋音禮記注疏卷第四十八　惠棟挍宋本禮記正義卷第五十六終記云凡二十九頁

禮記注疏卷四十八挍勘記

附釋音禮記注疏卷第四十九

禮記　鄭氏注　孔穎達疏

祭統第二十五。陸曰鄭云統猶本也以其記祭祀之本故名祭統 疏 正義曰案鄭目錄云名曰祭統者以其記祭祀之本也統猶本也此於別錄屬祭祀

凡治人之道莫急於禮禮有五經莫重於祭禮有五經謂吉禮凶禮賓禮軍禮嘉禮也莫重於祭謂以吉禮爲首也大宗伯職曰以吉禮事邦國之鬼神祇。五經吉凶軍賓嘉之五禮祇祈之反夫祭者非物自外至者也自中出生於心也心怵而奉之以禮是故唯賢者能盡祭之義怵感念親之貌也怵或爲述。怵敕律反 疏 凡治至之義。正義曰此一節摠明祭事但祭禮既廣其事又多記者所說各有部分今各隨文解之此一節明祭祀於禮中最重唯賢者能盡祭義凡祭爲

禮之本禮爲人之本將明禮本故先說治人言治人之道於禮最急○禮有五經五經者經者常也言吉凶賓軍嘉禮所常行故云禮有五經五經之中於祭更急上說人之以禮爲急此說禮爲急者案大宗伯吉禮之別十有二凶禮之別五賓禮之別八軍禮之別五嘉禮之別六五禮之別揔三十有六○夫祭者非物自外至者也自中出生於心也者自猶從也言孝子祭親非假他物從外至于身使已爲之但從孝子身中出生於孝子之心也○心怵而奉之以禮者言孝子感時心中怵惕而奉親以祭祀之禮○是故唯賢者能盡祭之義者言非賢者不能怵惕怵惕之義唯必賢人故能盡恭敬祭○

賢者之祭也必受其福非世所謂福也福者備也備者百順之名也無所不順者謂之備言內盡於已而外順於道也忠臣以事其君孝子以事其親其本一也世所謂福者謂受鬼神之祐助也賢者之所謂福者謂受大順之顯名也其本一者言忠孝俱由順出也○祐音又上則順於鬼神外則

順於君長内則以孝於親如此之謂備唯賢者能備能備然後能祭是故賢者之祭也致其誠信與其忠敬奉之以物道之以禮安之以樂參之以時明薦之而已矣不求其爲此孝子之心也明猶絜也爲謂福祐爲已之報○長丁丈反下所長同道音導其爲于僞反注爲謂同一音如字祭者所以追養繼孝也孝者畜也順於道不逆於倫是之謂畜畜謂順於德教○養羊尚反下同畜許六反下同

【疏】賢者至謂畜○正義曰此一節明祭祀受福是百順之理○非世所謂福也者言世人謂福爲壽考吉祥祐助於身若賢者受福身外萬事皆順於道理故云非世所謂福也福者備也備者百順之名也無所不順者之謂備此是賢者之福謂内盡其心外極其禮内外俱順於祭具也○言内盡於已而外順於道也者釋百順之義也謂心既内盡貌又外順此之

行善無違於道理也○其本一也者言忠臣事君孝子事親其本皆從順而來故云其本一也○上則順於鬼神者廣大順也體尊故云上也○外則順於君長者謂朝廷也出事公卿故云外也○不求其爲者言孝子但內盡孝敬以奉祭祀不求其鬼神福祥爲已之報案少牢嘏辭云皇尸命工祝承致多福無疆于女孝孫使女受祿于天宜稼于田則是祭祀有求所云不求者謂孝子之心無所求也但神自致福故有受祿于天之言若水旱災荒禱祭百神則有求也故大祝有六祈之義大司徒有荒政索鬼神之禮○追養繼孝也者養者是生時養親孝者生時事親親今既沒設禮祭之追生時之養繼生時之孝○孝也者畜也者畜謂畜養謂孝子順于德教不逆於倫理可以畜養其親故釋孝謂畜此據援神契庶人之孝曰畜五孝不同庶人但取畜養而已不能百事皆順援神契又云天子之孝曰就諸侯曰度大夫曰譽士曰究庶人曰畜分之則五揔之曰畜皆是畜養但功有小大耳

是故孝子之事親也有三道焉生則養沒則喪喪畢則祭養則觀其順也喪則觀其哀也祭則觀其敬而時也盡

此三道者孝子之行也沒終也。盡徐子忍反下同行下孟反。〔疏〕是故至行也。正義曰此一節明孝子事親有三種之道既內自盡又外求助昏禮是也故國君取夫人之辭曰請君之玉女與寡人共有敝邑事宗廟社稷此求助之本也言玉女者美言之也君子於玉比德焉。取七住切夫祭也者必夫婦親之所以備外內之官也官備則具備具謂所供衆物。共音恭下文以共皆同水草之菹陸產之醢小物備矣三牲之俎八簋之實美物備矣昆蟲之異草木之實陰陽之物備矣水草之菹芹茆之屬陸產之醢蚳蝝之屬天子之祭八簋昆蟲謂溫生寒死之蟲也內則可食之物有蜩范草木之實蔆芡榛栗之屬。芹其斤反茆音卯蚳丈之反蝝悅專反蜩音條蔆本亦作菱又音陵芡音儉榛側巾反。

〔疏〕既內至備矣。正義曰此一節以上文孝子事親先能自盡又外求侁儷供粢盛之事。注水草至之屬。正義曰云水草之菹芹茆之屬者案醢人云加豆之實芹菹兔醢朝事之豆茆菹麋臡是芹茆也又有朝事之豆昌本麋臡加豆之實有深蒲醓醢箈菹鴈醢筍菹魚醢其昌本深蒲箈筍是水草故云之屬云陸產之醢蚳蝝之屬者案醢人饋食之豆蠯蚳蝝即蚳之類醢人加豆之實有兔醢又有醓醢皆是陸產故云之屬云天子之祭八簋者明堂位云周之八簋又特牲士兩敦少牢四敦則諸侯六故天子八云內則可食之物有蜩范者蜩蟬也范蜂也昆蟲之屬云草木之實菱芡榛栗之屬者按籩人加籩之實有菱芡饋食之籩有棗栗榛實是草木故云之屬

凡天之所生地之所長苟可薦者莫不咸在示盡物也外則盡物內則盡志此祭之心也咸皆也。是故天子親耕於南郊以共齊盛王后蠶於北郊以共純服諸侯耕於東郊亦以共齊盛夫

人蠶於北郊以共冕服天子諸侯非莫耕也王后夫人非莫蠶也身致其誠信誠信之謂盡盡之謂敬敬盡然後可以事神明此祭之道也純服亦冕服也互言之爾純以見繒色冕以著祭服東郊少陽諸侯象也夫人不蠶於西郊婦人禮少變也齊或爲粢○齊盛本亦作齍與粢同音咨下及注同純側其反注及下純冕同見賢遍反少詩召反○【疏】凡天至道也○正義曰此一經摠結上文既內自盡外又求助祭之事○苟可薦者悉在祭用故云示盡物也則上陰陽之物備矣○外則盡物內則盡志此祭之心也者此是孝子祭親之心○是故天子親耕於南郊以共齊盛王后蠶於北郊以共純服者此覆結上文也必夫婦親之及盡物盡志之事祭須盡物志故人君夫人各竭力從事於耕蠶也鄭云王藉田在遠郊故甸師氏掌之內宰云中春詔后帥內外命婦始蠶于北郊注云婦人以純陰爲尊故也純服者亦冕服也純以見繒色冕以著祭服○諸侯耕於東郊亦以共齊盛者天子太陽故南也諸侯少陽故東也然藉田並在東南故王言南

諸侯言東。夫人蠶於北郊以共冕服者后太陰故北夫人少陰故合西郊然亦北者婦人質少變故與后同也。天子諸侯非莫耕也王后夫人非莫蠶也者莫無也王侯豈貧無穀帛而夫婦自耕蠶乎其有以也。身致其誠信誠信之謂盡盡是所有以其欲致誠信故身自親之。盡之謂敬敬盡然後可以事神明者祭盡敬則乃是盡也此祭之道結上文也。注純服至繒色。正義曰純服亦冕服也者天子云純諸侯言冕冕祭服故知純亦是祭服天子言衣色諸侯亦有衣色是其互也鄭氏之意凡言純者其義有二一絲旁才是古之緇字二是絲旁屯是純字但書文相亂雖是緇字並皆作純鄭氏所注於絲理可知於色不明者即讀爲緇即論語云今也純儉及此純服皆讀爲黑色若衣色見絲文不明者讀純以爲絲也。

及時將祭君子乃齊齊之爲言齊也齊不齊以致齊者也是以君子非有大事也非有恭敬也則不齊不齊則於物無防也嗜欲無止也及其將齊也防其邪物訖其嗜欲耳

不聽樂故記曰齊者不樂言不敢散其志也
心不苟慮必依於道手足不苟動必依於禮
訖猶止也。乃齊側皆反本又作齊下不出者同言齊也齊不齊並如字下以齊之同者市志反邪似嗟反訖居乙反。
是故君子之齊也專致其精明之德也故散
齊七日以定之致齊三日以齊之定之之謂
齊齊者精明之至也然後可以交於神明也
定者定其志意 是故先期旬有一日宮宰宿夫人夫人
亦散齊七日致齊三日 宮宰守宮官也宿讀爲肅肅猶戒也戒輕肅重也。先悉
薦反又如字。 君致齊於外夫人致齊於內然後會於
大廟君純冕立於阼夫人副褘立於東房君

執圭瓚祼尸大宗執璋瓚亞祼及迎牲君執紖卿大夫從士執芻宗婦執盎從夫人薦涚水君執鸞刀羞嚌夫人薦豆此之謂夫婦親之

大廟始祖廟也圭瓚璋瓚祼器也以圭璋爲柄酌鬱鬯曰祼大宗亞祼容夫人有故攝焉紖所以牽牲也周禮作緣芻謂藁也殺牲時用薦之周禮封人祭祀飾牲共其水藁涚盎齊也盎齊涚酌也凡尊有明水因兼云水爾嚌嚌肺祭肺之屬也君以鸞刀割制之天子諸侯之祭禮先有祼尸之事乃後迎牲芻或爲槁。大廟音泰下大廟皆同禕音揮瓚才旦反祼古亂反紖直忍反注同徐以忍反從才用反下皆同芻初俱反盎烏浪反注同從夫人絕句一讀以從字絕句涚舒銳反徐音歲羞嚌本亦作嚌才細反注同柄兵命反緣直忍反藁苦老反下同共音恭盎齊才細反下盎齊同

疏

及時至親之。正義曰此一節明將祭齊戒之義并明君與夫人皆致齊會於大廟夫婦交親行祭之義。及時將祭君子乃齊者謂四時應祭之前未旬時也方將接神先宜齊整身心故齊也。齊不齊以致齊者也言齊者齊也所以正此

不齊之事○謂未齊之時心慮散蕩心所嗜欲有不齊正及其齊也正此不齊之事以致極齊戒之道○君致齊於外夫人致齊於內者外謂君之路寢內謂夫人正寢是致齊並皆於正寢其實散齊亦然但此文對會於大廟故云君致齊於外夫人致齊於內耳○然後會於大廟者祭日君與夫人俱至大廟之中廟即始祖廟也○君純冕立於阼者純亦緇也上文已解故鄭於此略而不論○冕皆上玄下纁其服並然故通云緇冕若非二王之後及周公廟即悉用玄冕而祭○夫人副褘立於東房者副及褘后之上服魯及二王之後夫人得服之侯伯夫人揄狄子男夫人狄而並立東房以俟行事尸既入之後轉就西房故禮器云夫人在房雖不云東西房下云夫人東酌罍尊則知夫人在房謂西房也○大宗執璋瓚亞祼者大宗主宗廟禮者以亞祼之禮夫人親爲之此不云夫人而云大宗者記者廣言容夫人有故故大宗伯代夫人行禮執璋瓚亞祼之禮○圭瓚璋瓚並是祼器也以圭璋爲柄酌爵卺曰祼也○君執紖者紖牛鼻繩君自執之入繫於碑○卿大夫從者謂卿大夫從驅之及役與幣告也皆從於君○士執芻者芻謂藁也以其殺牲用芻藁藉之○宗婦執盎從者謂同宗之婦執盎以從夫人○夫人薦涗水者涗即盎齊由其濁用清酒以涗沸之涗水是明水宗婦執盎齊

從夫人而來奠盎齊於位夫人乃就盎齊之尊酌此涚齊而
薦之者因盎齊有明水連言水耳上云夫人副禕此則上公
之祭宜有醴齊盎齊但言盎者畧言之亦容侯伯子男之祭
但有盎齊無醴齊也故執盎從○君執鸞刀羞嚌者嚌肝肺
也嚌有二時一是朝踐之時取肝以膋貫之入室燎於爐炭
出薦之主前二者謂饋熟之時君以鸞刀割制所羞嚌肺橫
切之使不絕亦奠於俎上尸並嚌之故云羞嚌一云羞進也
謂君用鸞刀制此嚌肉以進之故云鸞刀羞嚌○夫人薦豆
者於君羞嚌之時夫人薦此饋食之豆此之謂夫婦親之者
君親執紖及鸞刀羞嚌是夫親之也夫人薦涚水及羞豆是
婦親之也故云夫婦親之○注大宗至迎牲○正義曰大宗
亞祼容夫人有故攝焉者解大宗所以亞祼之義案此記者
夫人薦涚水及薦豆則是夫人親行而云夫人有故者下云
亂陳言大宗亞祼容夫人有故之時下云夫人薦盎薦豆顯
夫人親行其事各有所明不可一揆云盎齊涚酌也者周禮
司尊彝文案彼注云盎齊差清和以清酒泲之謂之涚酌鄭
引此者解經夫人薦涚是盎齊也云凡尊有明水因兼云水
爾者以經夫人薦涚秖是薦盎不薦明水今經薦涚之下別
更言水此謂明水也以盎齊加明水故記者因盎而連言明
水爾知盎齊加明水者郊特牲云祭齊加明水是也云嚌嚌

肺祭肺之屬也者案少牢特牲薦孰之時俎有祭肺及舉肺切之舉肺離而不提心二肺皆嚌之故云嚌肺祭肺之屬云天子諸侯之祭禮先有祼尸之事乃後迎牲者以特牲少牢無此禮今此經祼後有迎牲之文是天子諸侯之事故鄭明之也

及入舞君執干戚就舞位君爲東上冕而揔干率其羣臣以樂皇尸是故天子之祭也與天下樂之諸侯之祭也與竟内樂之冕而揔干率其羣臣以樂皇尸此與竟内樂之之義也君爲東上近主位也皇君也言君尸者尊之。以樂音洛下同竟音境篇内皆同近附近之近

〔疏〕及入至義也。正義曰此一經明祭時天子諸侯親在舞位以樂皇尸也

夫祭有三重焉獻之屬莫重於祼聲莫重於升歌舞莫重於武宿夜此周道也武宿夜武曲名也周道猶周之禮。獻之屬莫重於祼一本無之屬二字

凡三道者所以假於外而以增君子之志也故與志進退志輕則亦輕志重則亦重輕其志而求外之重也雖聖人弗能得也是故君子之祭也必身自盡也所以明重也道之以禮以奉三重而薦諸皇尸此聖人之道也〔疏〕夫祭至之道也。正義曰此一節幷明祭祀之禮有三種可重之事。舞莫重於武宿夜者武宿夜是武曲之名是衆舞之中無能重於武宿夜之舞皇氏云師說書傳云武王伐紂至於商郊停止宿夜士卒皆歡樂歌舞以待旦因名焉武宿夜其樂亡也熊氏云此即大武之樂也。凡三道者所以假於外而以增君子之志也者言三種所重之道皆假借外物而以增益君子內志祼則假於鬱鬯歌則假於聲音舞則假於干戚皆是假於外物。故與志進退者此外物增成君子內志故與志同進同退若內心志輕畧則此等亦輕畧內志殷重此等亦殷重。夫祭有餕餕者祭之末也不可不知也是故古之人有言曰善終者如始餕其是已是故古之君子曰尸亦餕鬼神之餘也惠術也可以觀政矣術猶法也爲政尚施惠盡美能知能惠詩云維此惠君民人所瞻○道之音導餕音俊施惠始豉反下文注並同能知音智是故尸謖君與卿四人餕君起大夫六人餕臣餕君之餘也大夫起士八人餕賤餕貴之餘也士起各執其具以出陳于堂下百官進徹之下餕上之餘也進當爲餕聲之誤也百官謂有事於君祭者也既餕乃徹之而去所謂自卑至賤進徹或俱爲餕○謖所六反起也百官進依注作餕卑如字隱義音必利反凡餕之道每變以衆所以別貴賤之等而興施惠之象

也是故以四簋黍見其脩於廟中也廟中者
竟内之象也。鬼神之惠徧廟中如國君之惠徧竟内也。别彼列反下同見賢遍反下同脩於一本脩作徧徧音遍下同祭者澤之大者也是故上有大澤
則惠必及下顧上先下後耳非上積重而下
有凍餒之民也是故上有大澤則民夫人待
于下流知惠之必將至也由餕見之矣故曰
可以觀政矣鬼神有祭不獨饗之使人餕之恩澤之大者也國君有蓄積不獨食之亦以施惠於竟内也。重直龍反下同餒乃罪反夫音扶見如字舊賢遍反畜勑六反〔疏〕夫祭至政矣。正義曰此一節明祭末餕
餘之禮自求多物恩澤廣被之事。是故古之人有言曰善
終者如始餕其是已者引古人之言證餕爲美也夫靡不有
初鮮克有終而祭之有餕即是克有終而禮猶盛故云善終
者如始餕其是已已語辭也。是故古之君子曰尸亦餕鬼

神之餘也者又引古言證餕義也言亦者亦人餕尸之餘乃是人食尸餘而云尸亦餕鬼神餘者若王侯初薦毛血燔燎是薦於鬼神至薦熟時尸乃食之是尸餕鬼神之餘若大夫士陰厭亦是先薦鬼神而後尸乃食亦尸餕鬼神餘故并云尸亦餕鬼神之餘也○惠術也可以觀政矣者術猶法也尸餕鬼神之餘是施恩惠之術法言爲政之道貴在於惠可以觀省人君之政教能施恩惠者即其政善不能施恩惠者則其政惡故云可以觀政矣○臣餕君之餘也者以君於廟中事尸如君則君爲臣禮君食尸餘是臣食君餘與大夫食君餘相似故云臣餕君之餘也諸侯之國有五大夫此云六者兼有采地助祭也以下漸徧及下示溥恩惠也○士起各執其具以出陳于堂下者士廟中餕訖而起所司各執其饌具以出廟戶陳于堂下百官進徹之者進當爲餕謂有祭事之百官餕訖各徹其器而乃去之○凡餕之道每變以衆所以別貴賤之等者初君四人次大夫六人次士八人是變以衆加之以兩是別貴賤之等○而興施惠之象也者興起也其餕之禮初餕貴而少後餕賤而多皆先上而後下施惠之道亦當然皆先貴後賤故云施惠之象○是故以四簋黍見其脩於廟中也者謂餕之時君與三卿以四簋之黍脩整普徧也所以用四簋多黍而餕者欲見其恩惠脩整徧於廟中諸侯

之祭有六簋今云以四簋者以二簋留爲陽厭之祭故以四簋而餕簋有黍稷特云黍者見其美舉黍稷可知也○廟中者竟內之象也者以四簋而徧廟中如君之恩惠徧於竟內也○顧上先下後耳者言上有大澤惠必及下無不周徧但瞻顧之時尊上者在先卑下者處後耳一云顧故也謂君上先餕臣下後餕示恩則從上起也非上有積重而下有凍餒之民也者言非是在上有財物積重而不以施惠而使在下有凍餒之民言有積重必施散在下不使凍餒○由餕見之矣者言民所以知上有財物恩惠及於下者祇祭祀之餕見其恩逮於下之理故曰可以觀政矣者餕若以禮則能施惠其善政也餕若不以禮則不能施惠其政惡也故云可以觀政矣○

夫祭之爲物大矣其與物備矣順以備者也其教之本與爲物猶爲禮也與物謂薦百品○與音餘下是與同是故君子之教也外則教之以尊其君長內則教之以孝於其親是故明君在上則諸臣服從崇事宗廟社稷則子孫順

孝盡其道端其義而教生焉崇猶尊也○長丁丈反下長幼皆同是故君子之事君也必身行之所不安於上則不以使下所惡於下則不以事上非諸人行諸己非教之道也必身行之言恕己乃行之○惡烏路反○是故君子之教也必由其本順之至也祭其是與故曰祭者教之本也已教由孝順生也

疏 夫祭至也已○正義曰此一節明祭祀禮備具內外俱兼脩之於已然後及物是爲政之本夫祭之爲物大矣者物謂事物物大言祭之爲物盛大矣以所行皆依禮故爲大○其與物備矣者謂庶羞之屬言與造庶羞百品皆是故與物備矣○順以備者也其教之本與者祭必依禮是順也百品皆足是備也若能上下和順物皆備具是爲教之本言聖人設教惟以順以備故云其教之本與○是故君子至其親者祭既順備可爲教故人君因爲教焉外教謂郊天內教謂孝於親祭宗廟○是故明君至順孝者由君外教尊君

長故諸臣服從内教孝則親故子孫順孝盡其道端其義而教生焉者謂人君身自行之盡其事上之道又端正君臣上下之義則政教由此生焉○所不安於上則不以使下者謂在上所爲之事施之於已已所不安則不得施於下所惡於下則不以事上者在下有不善之事施於已已所憎惡則不得以此事於上上亦憎惡也○非諸人行諸已非教之道也者結上二事諸於也謂他人行此惡事加於已已以爲非是非於人已乃行此惡事而施人是行於已也若如此非政教之道言爲政教必由於已乃能及物故下云必由其本順之至也○

夫祭有十倫焉見事鬼神之道焉見君臣之義焉見父子之倫焉見貴賤之等焉見親疏之殺焉見爵賞之施焉見夫婦之別焉見政事之均焉見長幼之序焉見上下之際焉此之謂十倫

倫猶義也○見事賢遍反下皆同殺色界反徐所例反下同○

【疏】夫祭至十倫○正義曰此一節廣明祭有十種倫禮今各隨文解之

從此至此之謂十倫一經摠明十倫之目從上雖云鋪筵祭其事隱此廣陳祭含十義以顯教之本十倫義也

設同几爲依神也詔祝於室而出于祊此交神明之道也

同之言詷也祭者以其妃配亦不特几也詔祝告事於尸也出於祊謂索祭也○鋪普胡反又芳夫反筵羊然反爲于僞反下注爲其皆同祊伯更反詷徒貢反索所伯反○

【疏】鋪筵至道也○正義曰此一節明第一倫交鬼神之道○鋪筵設同几者設之曰筵坐之曰席同之言詷詷共也言人生時形體異故夫婦別几死則魂氣同歸于此故夫婦共几鋪席設几使神依之設此夫婦所共之几席亦共之必云同几者筵席既長几則短小恐其各設故特云同几○詔祝於室者詔告也祝祝也謂祝官以言詔告祝請其尸於室求之○而出于祊者謂明日繹祭而出廟門旁廣求神於門外之祊○此交神明之道也者神明難測不可一處求之或門旁不敢定是與神明交接之道鬼神通故云道○注同之至祭也○正義曰同之言詷也者若單作同字是齊同之同非詷共之詷所以物有異類而同時也則同死同生同出同入之類不齊其物異也若詷共之詷則言旁作同故古文字林皆訓詷爲共是漢魏之時

字義如此是以讀同爲詞今則摠爲一字云祭者以爲妃配者儀禮少牢文謂祭夫祝辭云以某妃配云亦不特几也者謂不但不特設辭亦不特設其几謂祝辭與几皆同於夫不特設也故鄭注司几筵云祭於廟同几精氣合也云詔祝告事於尸也者謂灌鬯饋熟酳尸之等祝官以祝辭告事於尸其事廣也以摠論事神故廣言之知非朝踐之時血毛詔於室者以朝踐尸主皆在戶外蹔時之事非終始事神之道故知非也云出於祊謂索祭也者案郊特牲索祭祝于祊故云謂索祭也

君迎牲而不迎尸別嫌也尸在廟門外則疑於臣在廟中則全於君君在廟門外則疑於君入廟門則全於臣全於子是故不出者明君臣之義也不迎尸者欲全其尊也尸神象也鬼神之尊在廟中人君之尊出廟門則伸○伸音申○〔疏〕君迎至義也○正義曰此經明第二倫君臣之義也○君迎牲不迎尸別嫌也者尸體既尊君宜自卑若出迎尸尸道未伸則嫌君猶欲自尊之義也○尸在廟門外則疑於臣者則解別嫌事也尸本是臣而爲尸時則尊

在廟中。君若未入廟其尊未伸君若出迎則疑尸有還爲臣之道故云疑於臣也○在廟中則全於君者尸若入廟則君父道全也唯云全君不云全父者此本是明君臣故畧於全父也下既云臣子故知此爲君父也且廟中行禮尸皆荅拜然父無荅子之禮君有荅臣之法故據君言之耳○君在廟門外則疑於君者釋君疑也君道之全全在廟門外若出門外則君道還尊與平常不異故不出門也○入廟門則全於臣全於子者君若入廟則臣子道全無所疑也是故不出者明君臣之義也者結第二倫也君至尊而受屈廟中以臣子自處不敢出廟門恐尸尊不極欲示天下咸知君臣之義也君臣由義而合故云義也

夫祭之道孫爲王父尸所使爲尸者於祭者子行也父北面而事之所以明子事父之道也此父子之倫也子行猶子列也祭祖則用孫列皆取於同姓之適孫也天子諸侯之祭朝事延尸於戶外是以有北面事尸之禮○行戶剛反注同徐胡孟反適丁歷反

【疏】夫祭至倫也○正義曰此第三倫明父子之理○孫爲王父尸者謂王父之孫行與王父作尸○所使爲尸者於祭者子

行也者謂孝子所使令爲尸者於祭者孝子身爲子之行秩也○父北面而事之者父則祭者之身北面而事子行之尸也○所以明子事父之道也此父子之倫也者主人爲欲孝敬已父不許已尊而北面事子行則凡爲子者豈得不自尊事其父乎是見子事父之道也○注皆取至尊之禮○正義曰天子諸侯之祭朝事延尸於戶外者以少牢特牲尸皆在室之奧主人西面事之無北面事尸之禮故知是天子諸侯也知當朝事者以郊特牲詔祝於室坐尸於堂詔祝於室當朝事之節故知坐尸於堂當朝事也

尸飲五君洗玉爵獻卿尸飲七以瑤爵獻大夫尸飲九以散爵獻士及羣有司皆以齒明尊卑之等也

尸飲五謂酳尸五獻也大夫士祭三獻而獻賓○瑤音遙散悉但反差本又作之等酳音胤又仕覲反○【疏】尸飲至等也○正義曰此一節明第四倫尊卑差等○尸飲五君洗玉爵獻卿至皆以齒明尊卑之等者謂獻卿大夫士及有司等其爵雖同皆長者在先故云皆以齒○注尸飲至獻賓○正義曰此據備九獻之禮者至主人酳尸故尸飲五也凡祭二獻祼用鬱鬯尸祭奠而不飲朝踐二獻饋

食二獻及食畢主人酳尸此等皆尸飲之故云尸飲五於此之時以獻卿獻卿之後乃主婦酳尸酳尸畢賓長獻尸是尸飲七也乃瑤爵獻大夫是正九獻禮畢但初二祼不飲故云尸飲七自此以後長賓長兄弟更爲加爵尸又飲二是并前尸飲九主人乃散爵獻士及羣有司也此謂上公九獻故以酳尸之一獻爲尸飲五也若侯伯七獻朝踐饋食時各一獻食訖酳尸但飲三也子男五獻食訖酳尸尸飲一云大夫士祭三獻而獻賓者欲明諸侯獻賓時節與大夫士獻賓不同知大夫士祭三獻而獻賓者特牲禮文下大夫不賓尸與士同亦三獻而獻賓知者有司徹文其上大夫別行賓尸之禮與此異也

夫祭有昭穆昭穆者所以別父子遠近長幼親疏之序而無亂也是故有事於大廟則羣昭羣穆咸在而不失其倫此之謂親疏之殺也昭穆咸在同宗父子皆來。昭上遙反後放此

【疏】夫祭至殺也。正義曰此一節明第五倫也親疏之殺也昭穆謂尸主行列於廟中所以至無亂者謂父南面子北面親者近疏者遠又各有次序是故有事於大

廟則羣昭羣穆咸在者祭大廟之時則衆廟尸主皆來及助祭之人同宗父子皆至則羣昭羣穆咸在若不於大廟之祭唯有當廟尸主及所出之廟子孫來至不得羣昭羣穆咸在也○而不失其倫者尸主既有昭穆故主人及衆賓亦爲昭穆列在廟不失倫類○此之謂親疏之殺也者殺漸也列昭穆存亡各有遠近示天下親疏有漸也○古者明君爵有德而祿有功必賜爵祿於大廟示不敢專也故祭之日一獻君降立于阼階之南南鄉所命北面史由君右執策命之再拜稽首受書以歸而舍奠于其廟此爵賞之施也一獻一酳尸也舍當爲釋聲之誤也非時而祭曰奠○鄉許亮反舍依注音釋○〔疏〕古者至施也○正義曰此一節明第六倫也爵賞之施焉○爵有德而祿有功者爵表德故云有德祿賞功故云有功也○而舍奠于其廟者謂受策命卿大夫等既受策書歸還而釋奠於家廟告以受君之命似非時而祭故稱奠此爵賞之施也者君尊上爵賞於廟

不自尊故民知施必由尊也○注一獻一酳尸也○正義曰經云一獻知非初祼及朝踐饋食之一獻必爲一酳尸者以一酳尸之前皆爲祭事承奉鬼神未暇策命而尸食已畢祭事方了始可以行其爵賞及賜勞臣下此一獻則上尸飲五君獻卿之時也若天子命羣臣則不因常祭之日特假於廟故大宗伯云王命諸侯則儐注云王將出命假祖廟立依前南鄉是也

君卷冕立于阼夫人副褘立于東房夫人薦豆執校。執醴授之執鐙尸酢夫人執柄夫人授尸執足夫婦相授受不相襲處酢必易爵明夫婦之別也校豆中央直者也執醴授醴之人授夫人以豆則執鐙鐙豆下跗也○卷古本反校戶教反又戶交反反柄也鐙音登又丁鄧反

〔疏〕君卷至別也○正義曰此一節明第七倫也○夫人副褘立于東房者此謂上公之夫人故副褘立于東房若其餘夫人則不副褘也○夫人薦豆執校者校謂豆之中央直者夫人薦豆之時手執此校○執醴授之執鐙者鐙謂豆下跗夫人薦豆之時此執醴之人以豆授夫人之時則執豆之下跗

夫人受之乃執校也。尸酢夫人執柄者爵爲雀形以尾爲柄夫人獻尸尸酢夫人尸則執雀尾授夫人也。夫人授尸執足者夫人受酢於尸則執爵足也。夫婦相授受不相襲處者謂夫婦交相致爵之時襲因也其執之物不相因故處若夫婦交相致爵不能執故處以明男女有别酢必易爵者謂夫婦交相致爵之時主人受主婦之酢易換其爵故特牲主人受主婦之酢爵更爵酢鄭注云主人更爵自酢男子不承婦人爵即引此文云夫婦相授受不相襲處酢必易爵也皇氏云夫婦猶男女不相襲處則上執校執鐙之屬違鄭注儀禮之文其義非也。注執醴授醴至執鐙。正義曰謂夫人獻尸以醴齊之時此人酌醴以授夫人至夫人薦豆之時此人又執豆以授夫人是獻之與薦皆此人所事故云執醴授醴之人執鐙謂授夫人以豆而執鐙也

凡爲俎者以骨爲主骨有貴賤殷人貴髀周人貴肩凡前貴於後俎者所以明祭之必有惠也是故貴者取貴骨賤者取賤骨貴者不重賤者不虛示均也惠均則

政行政行則事成事成則功立功立之所以立者不可不知也俎者所以明惠之必均也善爲政者如此故曰見政事之均焉殷人貴髀爲其厚也周人貴肩爲其顯也凡前貴於後謂脊脅臂臑之屬。髀必氏反又必履反重直龍反臑乃報反胈骨也〔疏〕凡爲至均焉。○正義曰此一經明第八倫也。○凡爲俎者以骨爲主者殷人貴髀周人貴肩者殷質貴髀之厚賤肩之薄周文貴肩之顯賤髀之隱各隨所貴。○凡爲俎。○助祭者各將物於俎也。○殷人貴髀周人貴肩者殷質貴髀之厚賤肩之薄周文貴肩之顯賤髀之隱各隨所貴。○凡前貴於後者據周言之以周人之貴肩故也。○俎者所以明祭之必有惠也者助祭者故賜之俎也。○貴者不重賤者不虛示均也者言貴者不特多而重賤者不虛而無分俎多少隨其貴賤是示均平也。○功之所以立者不可不知也者言功立由於分俎其事既重人君不可不知分俎之事也。○善爲政者如此者言人君欲善爲政教者必須如此分俎均平。○注凡前至之屬。○正義曰此脊脅臂臑舉其貴者言之屬中包其賤者不云肩者以經云周人貴肩故此畧之前體臂臑爲貴後體膊胳爲賤就脊脅之中亦有貴賤正脊在前爲貴脡脊橫脊在後爲賤脊則正脊在前爲貴短脅爲賤故摠云之屬以包之凡賜爵昭爲一穆爲一昭與昭齒穆與穆齒凡羣有司皆以齒此之謂長幼有序昭穆猶特牲少牢饋食之禮衆兄弟也羣有司猶衆賓下及執事者君賜之爵謂若酬之〔疏〕凡賜至有序。正義曰此一節明祭之第九倫長幼之序。凡賜爵者爵酒爵也謂祭祀旅酬時賜助祭者酒爵故云賜爵。昭爲一穆爲一者言君衆兄弟子孫等在昭列者則爲一色在穆列者自爲一色各自相旅尊者在前卑者在後若同班列則長者在前少者在後是昭與昭齒穆與穆齒。注君賜之爵謂若酬之。正義曰案特牲饋食禮初有主人獻衆賓兄弟之禮後乃旅酬衆賓兄弟此經直云賜爵知非獻時而特云酬者以獻時不以昭穆爲次者。此云昭與昭齒穆與穆齒當旅酬之事故知賜爵爲酬夫祭有畀煇胞翟閽者惠下之道也唯有德之君爲能行此明足以見之仁足以與之畀之爲言與也能以

其餘畀其下者也煇者甲吏之賤者也胞者
肉吏之賤者也翟者樂吏之賤者也閽者守
門之賤者也古者不使刑人守門此四守者
吏之至賤者也尸又至尊以至尊既祭之末
而不忘至賤而以其餘畀之是故明君在上
則竟內之民無凍餒者矣此之謂上下之際
明足以見之見此畀者也仁足以與之與此畀者也煇周禮
作韗謂韗磔皮革之官也翟謂教羽舞者也古者不使刑人
守門謂夏殷時。畀必利反下及注同與也煇依注作韗同
況萬反又音運下同甲吏也胞步交反下同肉吏也翟狄也
樂吏也閽音昏守門者也以見賢遍反注
皆同此畀如字舊必利反下同磔知宅反
〔疏〕夫祭至之際○正義曰此
一節明祭之第十倫也○夫祭有畀煇胞翟閽者惠下之道
也者畀與也煇也胞也翟也閽也此四者皆是賤官於祭之

未與此四者以恩賜是惠施之道也。明足以見之者謂有
德之君德能昭明足以見其惠下之義。仁足以與之者以
君有仁恩足能賜與於下。古者不使刑人守門者此作記
之人以見周刑人守門於祭末又何恩賜與刑人故明之云
古者夏殷之時不使刑人守門雖是賤人所以得恩賜。此
四守者吏之至賤者也。既每言賤明但是各守其職之人能
爲四物故云四守也尸又至尊以至尊既祭之末而不忘至
賤而以其餘畀之是故明君在上則竟内之民無凍餒者矣
者更廣明貴有餘分與至賤爲恩之深也人君身尊而尸又至
更尊故言又也。此之謂上下之際者結十倫也際接也至
尊與賤者其道接也。注煇周至殷時。正義曰案周禮考
工記韗人爲臯陶鄭云臯陶鼓木也言韗人之官掌作鼓木
張皮兩頭鞔之以爲鼓是韗磔皮革之官云翟謂教羽舞者
也者羽翟羽故詩邶風云左手執籥右手秉翟翟即狄也古
守通用云古者不使刑人守門謂夏殷時者以周
禮墨者使守門故知不使刑人守門謂夏殷時也 凡祭有
四時春祭曰礿夏祭曰禘秋祭曰嘗冬祭曰
烝 謂夏殷時禮也。礿羊灼反字又作禴夏戶嫁反下注夏者孟夏同 礿禘陽義也嘗

烝陰義也禘者陽之盛也嘗者陰之盛也故曰莫重於禘嘗（夏者尊卑著而秋萬物成）古者於禘也發爵賜服順陽義也於嘗也出田邑發秋政順陰義也（言爵命屬陽國地屬陰○）故記曰嘗之日發公室示賞也草艾則墨未發秋政則民弗敢草也（發公室出賞物也草艾謂艾取草也秋草木成可芟艾給爨亨時則始行小刑也○艾音刈芟所銜反爨七亂反亨普彭反徐普孟反○）故曰禘嘗之義大矣治國之本也不可不知也明其義者君也能其事者臣也不明其義君人不全不能其事爲臣不全（全猶具也）夫義者所以濟志也諸德之發也是故其德盛者其志

厚其志厚者其義章其義章者其祭也敬祭敬則竟内之子孫莫敢不敬矣濟成也發謂機發也竟内之子孫萬人爲子孫是故君子之祭也必身親涖之有故則使人可也雖使人也君不失其義者君明其義故也涖臨也君不失其義者言君雖不自親祭祭禮無闕於君德不損也其德薄者其志輕疑於其義而求祭使之必敬也弗可得已祭而不敬何以爲民父母矣

〔疏〕○凡祭至母矣○正義曰此一節明祭祀之重禘嘗之義人君若能明於其義可以爲民父母今各隨文解之○禘者陽之盛也者以禘祭在夏夏爲炎暑故爲陽盛○嘗者陰之盛也者以嘗祭在秋之時陰功成就故爲陰盛冬雖嚴寒以物於秋成故不得以冬烝對夏禘○注言爵至屬陰○正義曰爵命是生養之事故屬陽國地是土地之事故屬陰○故記至草也○以記錄之前先有

此記之文故作記者載。前記之文所以言記曰也此記云嘗
祭之日發出公室貨財以示賞也○草艾則罿者謂初秋草
堪艾給炊爨之時則行小刑之墨未發秋政則民不敢艾草
也言夏節雖盡人君未發行秋政則民不敢艾草也注發公
室出賞物也○正義曰案左傳云賞以春夏刑以秋冬此嘗
之日發公室示賞者文各有所對以賞對刑則賞屬春夏刑
屬秋冬其實四時之間皆有賞故車服屬夏田邑屬秋出田
邑之時亦有物也故覲禮秋時賜侯氏車服及篚服也○夫
義者所以濟志也者濟成也言禘嘗之義若人君明之所以
成就其志○諸德之發也者發謂機發也諸衆也言義者是
人君衆德之發謂諸衆人之德發在於義○是故其德盛者
其志厚者謂人君道德顯盛則念親志意而深厚若能念親
深厚則事親祭祀其義章明顯著若能事親章明顯著則其
祭也恭敬以此化下則竟內民之子孫無敢不恭敬其親矣
以化於上故也○雖使人也君不失其義者君明其義故也
者言祭祀之時身既有故使人攝之雖使人攝由君能恭敬
不喪失於爲君之義所以然者由君自明曉於禘嘗之義故
也○其德至志輕○言人君道淺義薄則其念親志意不能
厚重○疑於其義至民父母矣者謂志意既輕疑惑於祭祀
之義皆不能盡心致敬身既危疑而欲求祭使之必敬不可

得已已是語辭夫鼎有銘銘者自名也自名以稱揚其先祖之美而明著之後世者也爲先祖者莫不有美焉莫不有惡焉銘之義稱美而不稱惡此孝子孝孫之心也唯賢者能之銘謂書之刻之以識事者也自名謂稱揚其先祖之德著已名於下○自名如字徐武政反下及注自名同○銘者論譔其先祖之有德善功烈勳勞慶賞聲名列於天下而酌之祭器自成其名焉以祀其先祖者也顯揚先祖所以崇孝也身比焉順也明示後世教也勳業也王功曰勳事功曰勞酌之祭器言斟酌其美傳著於鐘鼎也身比焉謂自著名於下也順也自著名以稱揚先祖之德孝順之行也教也所以教後世○譔音撰比毗志反謂次比也下及注皆

同斟之林反傳音附徐音賦一音直專反
謂傳述著直畧反徐張慮反行下孟反○夫銘者壹稱
而上下皆得焉耳矣是故君子之觀於銘也
既美其所稱又美其所爲美其所爲美此人爲此銘爲之者
明足以見之仁足以與之知足以利之可謂
賢矣賢而勿伐可謂恭矣明足以見之見其先祖之美也仁足以與之與
其先祖之銘也非有仁恩君不使與之也知足以利之故
利已名得比於先祖○見賢遍反注同知音智注同○
衛孔悝之鼎銘曰六月丁亥公假于大廟孔悝
衛大夫也公衛莊公蒯聵也得孔悝之立已依禮褒之以靜
國人自固也假至也至於大廟謂以夏之孟夏禘祭○悝口
回反假加百反注同蒯苦
怪反聵五怪反褒保毛反公曰叔舅乃祖莊叔左右
成公成公乃命莊叔隨難于漢陽即宮于宗

周奔走無射公曰叔舅者公爲策書尊呼孔悝而命之也乃猶女也莊叔悝七世之祖衛大夫孔達也隨難者謂成公爲晉文公所伐出奔楚命莊叔從焉漢楚之川也即宮於宗周後反得國坐殺弟叔武晉人執而歸之於京師寘之深室也射厭也言莊叔常奔走至勞苦而不厭倦也周既去鎬京猶名王城爲宗周也○左音佐右音又下啓右并注同一讀此左右並如字難乃旦反奔本亦作犇射音亦注同爲策初革反女音汝後皆同從才用反坐才卧反寘之豉反厭於豔反下同鎬胡老反○啓右獻公獻公乃命成叔纂乃祖服獻公衛侯衎成公曾孫也亦失國得反言莊叔之功流於後世啓右獻公使得反國也成叔莊叔之孫成子烝鉏也右助也纂繼也服事也獻公反國命成子繼女祖莊叔之事欲其忠如孔達也○纂子管反衎苦旦反烝之承反下文注同鉏仕居反○乃考文叔興舊耆。欲作率慶士躬恤衛國其勤公家夙夜不解民咸曰休哉文叔者成叔之曾孫文子圉即悝父也作起也率循也慶善也士之言事也言文叔能興行先祖之舊德起而循其善事

○耆欲市志反解古賣反休許蚪反圍魚呂反公曰叔舅予女銘若纂乃

考服若乃猶女也公命悝亍女先祖以銘以尊顯之女繼女父之事欲其忠如文子也成公獻公莊公皆失國得反言孔氏世有功焉寵之也○女羊許反注同○悝拜稽首曰對揚以辟之對遂也辟明也言遂揚君命以明我先祖之德也○辟必亦反又婢尺反注同明也勤大命施于

烝彝鼎施猶著也言我將行君之命又刻著於烝祭之彝鼎彝尊也周禮大約劑書於宗彝○施如字彝以支反著張慮反又直畧反下同約如字徐於妙反劑子隨反○此衛孔悝之鼎銘也言銘之類衆多也畧取其一以言之古之君子論譔其先祖之美而

明著之後世者也以比其身以重其國家如

此如莊公命孔悝之爲也莊公孔悝雖無令德以終其事於禮是行之非○子孫之守宗

廟社稷者其先祖無美而稱之是誣也有善

而弗知不明也知而弗傳不仁也此三者君子之所恥也〔疏〕夫鼎至恥也○正義曰以前經明事親致敬此一節明稱揚先祖之美今各依文解之○銘者自名也者言爲先祖之銘者自著己之功名於下○自名以稱揚其先祖之美而名著之後世者也謂自著己名之時先稱揚其先祖之美於上而使昭明顯著於後世銘者論譔其先祖之有德善者論謂論說譔則譔錄言子孫爲銘論說譔錄其先祖道德善事○功烈勳勞慶賞聲名列於天下者此先祖美善之事也烈業也謂有功業勳勞有慶賞聲名著於天下者也○而酌之祭器者酌斟酌也祭器鐘鼎也若有聲名偏普天下者則斟酌列書著於君之鐘鼎也○自成其名焉者先書先祖之德於器上又自成己名於先祖銘下也○以祀其先祖者也者祀祖謂預君給祭也禮功臣既得銘鼎則得預君大祫令先祖被銘預祫是尊其先祖也○顯揚先祖所以崇孝也者釋所以必銘義也爲崇於孝道故稱揚先祖也○身比焉順也者比次也先稱祖德而己身親自著名次於下是崇孝順之行也○明示後世教也者爲人子孫能得稱揚先祖明示後世使後世斆慕即是教也○注烈業至後世○正義曰烈業也釋詁文王功曰勳事

功曰勞周禮司勳文云傳著於鐘鼎也者傳附也言鐫勒先祖功名附著於鐘鼎或解傳爲傳述於鐘鼎義亦通也云自著名以稱揚先祖之德者解經身比焉云孝順之行也者以解經順也云教也所以教後世者言稱先祖明示後世所以教後世使如先祖之善也故云教也○夫銘至所爲○銘者壹稱謂造銘唯一稱先祖之善○而上下皆得焉耳矣者上謂光揚先祖下謂成已順行又垂教來世也○旣美其所稱又美其所爲者釋上下皆得也所稱謂先祖也○所爲謂已身行業也君子宥德之士觀銘必見此二事之美○爲之至恭矣○爲之者謂爲銘之人也○明足以見之者謂已有顯明之德足以見先祖之美○仁足以與之者謂已有仁恩故君上足以著先祖之銘與之○知足以利之者謂已有知謀足以利益於已得上比先祖也○可謂賢矣者言爲銘之人備此三事所以爲賢○賢而勿伐可謂恭矣者既備三事爲賢又不自伐是爲恭也故云可謂恭矣○注孔悝至祊祭○正義曰云得孔悝之立已者按哀公二年晉趙鞅納蒯聵于成至哀十五年傳云衛孔圉娶蒯聵之姊生悝孔氏之豎渾良夫通於伯姬伯姬使良夫往蒯聵蒯聵與良夫入衞舍孔氏之外圃遂入適伯姬氏伯姬與大子五人迫孔悝於廁強盟之遂劫以登臺於是得國是得孔悝之立已也假至也釋詁

文云至於大廟謂以夏之孟夏禘祭者以經云六月是周之六月是夏之孟月禘祭之時以諸侯命臣在於祭日案左傳哀十五年冬蒯聵得國十六年六月衛侯飲孔悝酒而逐之此謂六月命之者蓋命後即逐之故俱在六月公曰至休哉○此一節是孔悝父祖鼎銘之辭○叔舅者孔悝是異姓大夫年幼故稱叔舅○乃祖莊叔者乃女也祖莊叔者謂孔悝之七祖孔達也○左右成公者左右助也輔助衛成公○成公乃命莊叔隨難于漢陽者難謂成公被晉所伐出奔於楚謂成公命孔達隨出逃難而往漢陽即是楚地在漢水之北○即宮于宗周者即就也宮謂宮室成公後得反國又坐殺弟叔武被晉執之歸于京師寘於深室之中是即宮也○奔走無射者言孔達隨難漢陽及即宮于宗周常奔走勞苦無厭倦○啓右獻公獻公乃命成叔纂乃祖服者啓開也右助也言莊叔餘功流於後世能右助獻公獻公雖復出奔乃得反國其時孔達之孫成叔輔佐獻公故獻公乃命成叔纂繼女祖孔達舊所服行之事○乃考文叔者孔圉是孔悝之父故云乃考○興舊耆欲者言父圉能興行先祖舊德嗜欲所爲○作率慶士躬恤衛國其勤公家夙夜不解民咸曰休哉者作起也率循也慶善也士事也言孔悝能起發依循善事躬憂恤衛國勤勞公家早夜不解倦民皆曰功德休美哉此

是孔悝先祖功業鼎銘之辭也○注莊叔至周也○正義曰案世本莊叔達生得閭叔穀穀生成叔烝鉏鉏生頃叔羅羅生昭叔起起生文叔圉圉生悝莊叔是悝七世祖也云成公爲晉文公所伐出奔楚者案僖二十八年左傳稱衛與楚晉文公敗楚於城濮衛侯懼出居於襄牛遂奔楚云坐殺弟叔武晉人執而歸之於京師寘之深室也者亦僖二十八年左傳文晉人歸衛侯入其室弟叔武將沐聞君至喜捉髮走出前驅歂犬射而殺之其大夫元咺出奔晉訟衛侯衛侯不勝執衛侯歸之于京師寘諸深室是其事也案左傳于時無孔達之事而云之者傳文不具或者蒯聵欲褒美孔悝故假其先祖之功而言之也○注獻公至達也○正義曰案衛世家衛成公生穆公穆公生定公定公生獻公是衎爲成公曾孫云亦失國得反者案襄十四年左傳稱衛孫文子甯惠子逐衛侯衛侯出奔齊是亦失國也稱亦者亦成公也其時亦非成叔之功假言之也云纂繼也服事也釋詁文下注率循也亦釋詁文○公曰叔舅予女銘若纂乃考服○此一節明蒯聵與孔悝銘之言也及勑戒之使繼先祖故云纂乃考服○悝拜至彝鼎○此一節明孔悝拜受君恩言已光揚先祖之德行君之大命著於彝鼎○對揚以辟之者對遂也揚稱揚也辟明也言已遂稱揚君命以光明我先祖之美○勤大命

施于烝彝鼎者勤行也施著也烝謂烝祭言已勤行君之大命著於烝祭之彝尊及鼎也此衞孔悝之鼎銘也。記者錄其銘故以結之但休哉以上是稱其先祖公曰叔舅以下至彝鼎是自著其名於下是以身比焉比先祖也

昔者周公旦有勳勞於天下周公既沒成王康王追念周公之所以勳勞者而欲尊魯故賜之以重祭外祭則郊社是也內祭則大嘗禘是也言此者王室所銘若周公之功。誣音無不傳直專反不本亦作弗夫大嘗禘升歌清廟下而管象朱干玉戚以舞大武八佾以舞大夏此天子之樂也康周公故以賜魯也清廟頌文王之詩也管象吹管而舞武象之樂也朱干赤盾戚斧也此武象之舞所執也佾猶列也大夏禹樂文舞也執羽籥文武之舞皆八列互言之耳康猶襃大也易晉卦曰康侯用錫馬。佾音逸盾食準反又音允籥羊灼反

子孫纂之至于今不廢所以明周公之德而又以重其國也不廢不廢其此禮樂也重猶尊也。【疏】昔者至國也。正義曰此一節因上說鼎銘明先祖之善故此明周公之勳子孫纂之特重於餘國亦光揚之事。外祭則郊社者諸侯常祭唯社稷以下魯之祭社與郊連文則備用天子之禮也。內祭則大嘗禘者袷祭在秋也大嘗禘祭在夏也是大嘗禘得用天子之禮則升歌清廟及舞大武大夏之屬皆用天子之禮所以爲大嘗禘也餘諸侯則不得大嘗禘。升歌清廟者升堂歌清廟清廟頌文王之詩也。下而管象者堂下吹管而舞武象之樂也。朱干玉戚以舞大武者朱干赤盾也戚斧也以玉飾其柄此武象之舞所執。八佾以舞大夏者大夏禹樂之舞也執羽籥此天子之樂也。康周公故以賜魯也者升歌清廟以下並是天子之樂故以此結之也。注武象至錫馬。正義曰言文武之舞皆八列互言之耳者以經云八佾以舞大夏舞大武不顯佾數則舞大武亦八佾也大武云朱干玉戚其大夏則不用朱干玉戚當用羽籥而云互文者以大夏言舞數則大武亦當有舞數大武言所執舞器則大夏亦有舞器故云互也。易晉卦康侯用錫馬者證康是褒崇之義案易晉卦坤下離上日出於地爲晉晉進也言明進也○子孫至國也者言魯是周公子孫繼周公之後至今不廢此禮樂謂作記之時也所以明周公之有德而又以尊重其魯國也○

附釋音禮記注疏卷第四十九

[illegible]盧氏宣旬校栞

清嘉慶二十年重栞宋本十三經禮記藏本校

禮記注疏卷四十九挍勘記　阮元撰盧宣旬摘錄

附釋音禮記注疏卷第四十九 惠棟挍宋本禮記正義卷第五十七

祭統第二十五

凡治人之道節

心怵而奉之以禮 惠棟挍宋本同釋文亦作怵閩監毛本怵作怵石經同岳本同嘉靖本同衛氏集說同此本注疏中字並作怵不加點

凡治至之義 惠棟挍宋本無此五字

賢者之祭也節

賢者至謂畜 惠棟挍宋本無此五字

言世人謂福爲壽考吉祥 閩監毛本同衛氏集說同惠棟挍宋本無爲字

承致多福無疆于女孝孫使女受祿于天 閩本同衞氏集說同監本使誤俟毛本于誤子

既內自盡節 惠棟按云既內自盡節凡天之所生節宋本合爲一節

昏禮是也 各本同石經同毛本昏作昬衞氏集說同○按毛本非也說文昏从日氐省非从民聲也

具謂所供衆物 閩監毛本同惠棟按宋本同嘉靖本同岳本供作共衞氏集說同釋文出所共

既內至備矣 惠棟按宋本無此五字

茆菹麋臡 閩監毛本同齊召南云麋當作麇

有深蒲醓醢 惠棟按宋本同閩監毛本醓誤醯下又有醓醢同

深蒲箈筍 毛本同閩監本箈作菭衞氏集說同按周禮作箈

凡天之所生節

齊或爲粢閩監毛本同岳本同嘉靖本同惠棟按宋本爲作作衞氏集說同宋監本同

凡天至道也惠棟按宋本無此五字

一絲旁才閩監毛本同衞氏集說同段玉裁按本絲當作糸下絲旁屯同

若衣色見閩監毛本同衞氏集說見上有可字

及時將祭節

嗜欲無止也惠棟按宋本石經宋監本衞氏集說同閩監毛本嗜作耆岳本同嘉靖本同釋文出耆欲下訖

其嗜欲同

君執鸞刀羞嚌各本同石經同釋文出羞齊云本亦作嚌注同○按嚌正字齊假借字

芻謂藁也各本同釋文出稾也云下同按稾字非也○按依說文當作稾从禾高聲假借作稾俗作藁

及時至親之惠棟按宋本無此五字

謂四時應祭之前未旬時也 閩監毛本同衞氏集說同考文引宋板未作末

俱至大廟之中 閩本同惠棟挍宋本同衞氏集說同監毛本至誤在

子男夫人狄 惠棟挍宋本作闕狄衞氏集說同此本闕字脫閩監毛本闕作屈

用清酒以涗沛之 閩監本同毛本沛誤沸下以清酒沸之同

二者謂饋熟之時 考文引宋板同閩監毛本者作是

夫祭有三重焉節

夫祭至之道也 惠棟挍宋本無此六字

此一節并明祭祀之禮 閩監毛本同惠棟挍宋本節作經衞氏集說同

若內心志輕略 閩監毛本同惠棟挍宋本無心字衞氏集說同此本誤衍

此等亦殷重 閩監毛本同考文云宋板重下有矣字衞氏集說同

夫祭有餕節

而下有凍餒之民也閩監本同石經同岳本同嘉靖本同衛氏集說同毛本餒誤餧釋文出凍餒盧文弨云按說文餧飢也一曰魚敗曰餧則餧乃餒之本字後人始別作餒也

夫祭至政矣惠棟挍宋本無此五字

以二簋留爲陽厭之祭惠棟挍宋本同閩監毛本陽作陰衛氏集說同

祇祭祀之餕惠棟挍宋本祇下有由字衛氏集說同此本由字脫閩監毛本同

其善政也惠棟挍宋本作政善此本誤倒閩監毛本同

夫祭之爲物大矣節

夫祭至也已惠棟挍宋本無此五字

内教孝則親故子孫順孝惠棟挍宋本則作其衛氏集說同此本其誤則閩監毛本

其作於

夫祭有十倫焉節

見親疎之殺焉閩監毛本同石經疎作疏宋監本岳本嘉靖本衛氏集說同按下此之謂親疏之殺也各本並作疏此不宜岐出作疎當作疏爲是

夫祭至十倫惠棟按宋本無此五字

鋪筵設同几節

鋪筵至道也惠棟按宋本無此五字

不齊其物異也閩監毛本同惠棟按宋本齊作廢

君迎牲而不迎尸節

君迎至義也惠棟按宋本無此五字

則尊在廟中耳　惠棟挍宋本中下有耳字諸本並脫

夫祭之道節

於祭者子行也　各本同石經同考文引古本足利本子上有為字按通典四十八引亦云於祭者為子行也

夫祭至倫也　惠棟挍宋本無此五字

尸飲五節

尸飲至等也　惠棟挍宋本無此五字

但飲三也　閩監毛本同惠棟挍宋本但下有尸字衞氏集說同

夫祭有昭穆節

夫祭至殺也　惠棟挍宋本無此五字

故主人及衆賓亦爲昭穆　惠棟挍宋本同閩監毛本衆賓二字倒

列昭穆存亡名有遠近　閩監本同毛本名作各

古者明君爵有德節

古者至施也　惠棟挍宋本無此五字

似非時而祭　閩監毛本同惠棟挍宋本似作以

君尊上爵　閩監毛本同惠棟挍宋本上作尚衛氏集說同

君卷冕立于阼節

夫人薦豆執校　各本同石經同毛本校作挍釋文亦作校注疏放此

夫人授尸執足　惠棟挍宋本授作受正義同石經同岳本同嘉靖本同考文引古本足利本同此本誤授閩監毛本同衛氏集說同按此言尸酢夫人夫人受酢于尸則執爵足是受尸而非授尸明矣疏夫人授尸執足者放此

君卷至别也　惠棟挍宋本無此五字

凡爲俎者節

凡爲至均焉　惠棟挍宋本無此五字

俎爲助祭者各將物於俎也　閩監毛本同考文云宋板爲作謂

凡賜爵節

凡賜至有序　惠棟挍宋本無此五字

以獻時不以昭穆爲次者　閩監毛本同惠棟挍宋本者作也

夫祭有畀煇胞翟闇者節

夫祭至之際　惠棟挍宋本無此五字

此四守者吏之至賤者也　閩監毛本同惠棟挍宋本也下有者字

凡祭有四時節

凡祭至毋矣　惠棟挍宋本無此五字

載前記之文　閩監毛本同惠棟挍宋本前上有此字

夫鼎有銘節

此孝子孝孫之心也　閩監本同石經同岳本同嘉靖本同衛氏集說同考文引宋板同毛本此誤比

傳著於鐘鼎也　閩監毛本同嘉靖本同衛氏集說同惠棟挍宋本傳作傳宋監本岳本同考文引足利本同釋文出傳著按傳是也

衛莊公蒯聵也　閩本同岳本同嘉靖本同衛氏集說同監毛本聵作聵非

得孔悝之立已　岳本同嘉靖本同考文引古本同惠棟挍宋本無已字衛氏集說無已字得作德閩監毛本得作德已字有

公爲策書 各本同釋文策作筴乃俗字

興舊耆欲 閩監毛本同岳本同嘉靖本同釋文出耆欲惠棟挍宋本耆作嗜石經宋監本衞氏集說同

略取其一以言之 閩監毛本同岳本同嘉靖本同惠棟挍宋本其作此宋監本衞氏集說同考文引足利本同

夫鼎至恥也 惠棟挍宋本無此五字

云傳著於鍾鼎也者傳附也 毛本同閩監本二傅字並作傳

夫銘至所爲○銘者 閩監毛本同惠棟挍宋本無銘至所爲○五字夫字屬下

爲之至恭矣 閩監毛本同惠棟挍宋本五字無

云得孔悝之立已者 考文引宋板同閩監毛本得作德下是得孔悝之立已也同

謂孔悝之七世祖孔達也 惠棟挍宋本如此此本世字脫閩本同監毛本七世祖誤

先祖

而云之者傳文不具閩本同惠棟挍宋本同監毛本云之誤云云

昔者周公旦節

不廢此禮樂也閩監毛本同岳本同嘉靖本同浦鏜挍云集說無此字按疏則其字當衍

昔者至國也惠棟挍宋本無此五字

社與郊連文則用天子之禮也惠棟挍宋本如此衞氏集說同此本則字誤重閩監毛本則下衍備字

朱干亦盾也閩監毛本同考文引宋板亦作赤

大夏禹樂之舞也閩監毛本同惠棟挍宋本之作文

附釋音禮記注疏卷第四十九惠棟挍宋本禮記正義卷第五十七終宋監本禮記卷第

十四經七千四百六十字注五千五百二十三字嘉靖本禮
記卷第十四經七千一百八十二字注五千四百九字

禮記注疏卷四十九挍勘記

附釋音禮記注疏卷第五十

鄭氏注　孔穎達疏

禮記

經解第二十六○陸曰鄭云經解者以其記六藝政教得失解音佳買反徐胡賣反一音蟹○

疏 正義曰案鄭目録云名曰經解者以其記六義政教之得失也此於别録屬通論

孔子曰入其國其教可知也觀其風俗則知其所以教其爲人也温柔敦厚詩教也疏通知遠書教也廣博易良樂教也絜靜精微易教也恭儉莊敬禮教也屬辭比事春秋教也屬猶合也春秋多記諸侯朝聘會同有相接之辭罪辯之事○易良以豉反下易良同屬音燭注及下同比毗志反下同朝聘直遥反篇内同故詩之失愚書之失誣樂之失奢易之失賊禮之失

煩春秋之失亂失謂不能節其教者也詩敦厚近愚書知遠近誣易精微愛惡相攻遠近相取則不能容人近於傷害春秋習戰爭之事近亂。近愚附近之近下除遠近一字並同惡烏路反爭爭鬭之爭下文同其爲人也溫柔敦厚而不愚則深於詩者也疏通知遠而不誣則深於書者也廣博易良而不奢則深於樂者也絜靜精微而不賊則深於易者也恭儉莊敬而不煩則深於禮者也屬辭比事而不亂則深於春秋者也言深者既能以教又防其失

〔疏〕孔子至者也。正義曰經解一篇揔是孔子之言記者錄之以爲經解者皇氏云解者分析之名此篇分析六經體教不同故名曰經解也六經其教雖異揔以禮爲本故記者錄入於禮。孔子曰入其國其教可知也者言人君以六經之道各隨其民教之民從上教各從六經之性觀民風俗則知其教故云其教可知也。溫柔敦厚詩教也者溫謂

顏色溫潤柔謂情性和柔詩依違諷諫不指切事情故云溫柔敦厚是詩教也疏通知遠書教也者書錄帝王言語舉其大綱事非繁密是疏通上知帝皇之世是知遠也○廣博易良樂教也者樂以和通爲體無所不用是廣博簡易良善使人從化是易良○絜靜精微易教也者易之於人正則獲吉邪則獲凶不爲淫濫是絜靜窮理盡性言入秋毫是精微恭儉莊敬禮教也者禮以恭遜節儉齊莊敬慎爲本若人能恭敬節儉是禮之教也○屬辭比事春秋教也者屬合也比近也春秋聚合會同之辭是屬辭比次褒貶之事是比事也凡人君行此等六經之教以化於下在下染習其教還有六經之性故云詩教書教之等○故詩之失愚者詩主敦厚若不節之則失在於愚○書之失誣者書廣知久遠若不節制則失在於誣樂之失奢者樂主廣博和易若不節制則失在於奢○易之失賊者易主絜靜嚴正遠近相取愛惡相攻若不節制則失在於賊害○禮之失煩者禮主文物恭儉莊敬若不能節制則失在於煩苛○春秋之失亂者春秋習戰爭之事若不能節制失在於亂此皆謂人君用之教下不能可否相濟節制合宜所以致失也○其爲人也溫柔敦厚而不愚則深於詩者也此一經以詩化民雖用敦厚能以義節之欲使民雖敦厚不至于愚則是在上深達於詩之義理能以詩教民也故

云深於詩者也以下諸經義皆放此。注云易精至之事。正義曰易精微者易理微密相責褊切不能含容云愛惡相攻者謂易卦六爻或陰爻乘陽或陽爻據陰近而不得是愛惡相攻也云遠近相取者謂彼此有應是遠近相取也或遠而無應近而不相得是遠近不相取也云則不能容人近於傷害者若意合則雖遠必相愛若意離雖近必相惡是不能容人不與已同淚被傷害是失於賊害也云春秋習戰爭之事者以春秋記諸侯相侵伐又有鬬爭之辭若僖二十八年晉人執衞侯歸之于京師昭十三年平丘之會子產爭承之類是也故前注云春秋記罪辯之事也然詩爲樂章詩樂是一而教别者若以聲音干戚以教人是樂教也若以詩辭美刺諷喻以教人是詩教也此爲政以教民故有六經若教國子弟於庠序之內則唯用四術故王制云春秋教以禮樂冬夏教以詩書是也此六經者惟論人君施化能以此教民民得從之未能行之至極也若盛明之君爲民之父母者則能恩惠下極於民則詩有好惡之情禮有政治之體樂有諧和性情皆能與民至極民同上情故孔子間居云志之所至詩亦至焉詩之所至禮亦至焉禮之所至樂亦至焉是也其書易春秋非是恩情相感與民至極者故孔子間居無書易及春秋也

天子者與天地參

故德配天地，兼利萬物，與日月並明，明照四海而不遺微小。其在朝廷，則道仁聖禮義之序；燕處，則聽雅頌之音；行步，則有環佩之聲；升車，則有鸞和之音。居處有禮，進退有度，百官得其宜，萬事得其序。詩云：「淑人君子，其儀不忒。其儀不忒，正是四國。」此之謂也。道猶言也。環佩，佩環佩玉也，所以爲行節也。玉藻曰：「進則揖之，退則揚之，然後玉鏘鳴也。」環取其無窮止，玉則比德焉。孔子佩象環五寸，人君之環，其制未聞也。鸞和皆鈴也，所以爲車行節也。韓詩內傳曰：「鸞在衡，和在軾前，升車則馬動，馬動則鸞鳴，鸞鳴則和應。」居處，朝廷與燕也。進退，行步與升車也。○淑，常六反。忒，吐得反。鏘，七羊反，本又作鏘。鈴音零。軾音式。應，應對之應。

發號出令而民說，謂之和；上下相親，謂之仁；民

不求其所欲而得之謂之信除去天地之害
謂之義義與信和與仁霸王之器也有治民
之意而無其器則不成器謂所操以作事者也義信和仁皆存乎禮○說音

悅去羌呂反下同王徐于況反操七刀反【疏】天子至不成○正義曰此一節盛明天子霸王唯有禮爲霸王之器言禮
之重也○與天地參者天覆地載生養萬物天子亦能覆載
生養之功與天地相參齊等故云與天地參○詩云淑人君
子其儀不忒其儀不忒正是四國者此詩曹風鳲鳩之篇刺
上下不均平之詩言善人君子用心均平其威儀不有差忒
以其不差故能正此四方之國○此之謂也者言詩之所云
正當此聖人有禮之謂也民不求其所欲而得之謂之信者
謂明君在上賜贍於下民不須營求所欲之物自然得之是
在上信實恩能覆養故也猶若尙書傳稱民擊壤而歌鑿井
而飲耕田而食帝有何力是不求其所欲也天不言而四時
行是信若四時故云謂之信也○除去天地之害謂之義者
義宜也天地無害於物有宜故爲義天地害者謂水旱之等
及疫癘之屬及天地之內有惡事害人皆名天地之害也○

霸王之器者器謂人所操持以作事物者欲爲其事必先利其器言欲作霸王必須義信和仁是霸王之器也○注云韓詩至軾前○正義曰此鸞和所在謂朝祀所乘之車若田獵之車則鸞在鑣也故詩秦風云輶車鸞鑣箋云置鸞於鑣異於乘車是乘車鸞在衡也然鄭於商頌箋云在軾曰和在鑣曰鸞彼亦乘車鸞在鑣與秦詩箋不同者鄭於秦詩已解故於商頌畧而不言或可以經無正文鄭爲兩說

禮之於正國也猶衡之於輕重也繩墨之於曲直也規矩之於方圜也故衡誠縣不可欺以輕重繩墨誠陳不可欺以曲直規矩誠設不可欺以方圜君子審禮不可誣以姦詐衡稱也縣謂錘也陳設謂彈畫也誠猶審也或作成○圜音圓縣音玄與注同稱尺證反錘直僞反彈徒丹反畫胡麥反是故隆禮由禮謂之有方之士不隆禮不由禮謂之無方之民敬讓之道

也故以奉宗廟則敬以入朝廷則貴賤有位以處室家則父子親兄弟和以處鄉里則長幼有序孔子曰安上治民莫善於禮此之謂也隆禮謂盛行禮也方猶道也春秋傳曰教之以義方〔疏〕禮之於正國也至治民莫善於禮此之謂也○正義曰此一節賛明禮事之重治國之急故衡誠縣不可欺以輕重者衡謂稱衡縣謂稱錘誠審也若稱衡詳審縣錘則輕重必正故云不可欺以輕重○繩墨誠陳不可欺以曲直陳謂陳列若繩墨審能陳列則曲直必當故云不可欺以曲直○規矩誠設不可欺以方圓者規所以正圓矩所以正方設謂置設若規矩詳審置設則方圓必得故云不可欺以方圜君子審禮不可誣以姦詐設譬既畢故以此言結之言君子之人若能審詳於禮則姦詐自露不可誣罔也○是故隆禮由禮謂之有方之士者隆盛也由行也方道也若君子能隆盛行禮則可謂有道之士也反此則爲無知之民民是無知之稱故也○敬讓之道也者此言禮之爲用是敬讓之道也爲下文而起○此之謂也者從篇首孔子曰入其國其教

可知也至此長幼有序事相連接皆是孔子之辭記者録之而爲記其理既盡記者乃引孔子所作孝經之辭以結之故云此之謂也言孔子所云者正此經之所謂也○注春秋至義方○正義曰春秋左氏隱三年傳文衛莊公寵公子州吁石碏諫云臣聞愛子教之以義方弗納於邪引之者證方爲道也

故朝覲之禮所以明君臣之義也聘問之禮所以使諸侯相尊敬也喪祭之禮所以明臣子之恩也鄉飲酒之禮所以明長幼之序也昏姻之禮所以明男女之别也夫禮禁亂之所由生猶坊止水之所自來也故以舊坊爲無所用而壞之者必有水敗以舊禮爲無所用而去之者必有亂患

春見曰朝小聘曰問其篇今亡昏姻謂嫁取也婿曰昏妻曰姻自亦由也○覲其靳反長丁丈反下同姻音因

別彼列反坊音房本又作防下同壞音怪見賢遍反取七注反本亦作娶【疏】故朝至亂患○正義曰此一經明禮之所用各有所主又明舊禮不可不用之意但自此以下上承孔子曰此之謂也以後則是記者廣明安上治民之義非復孔子之言也夫禮禁亂之所由生者由從也禮禁亂之所從生亂生之處則豫禁之若深宮固門閽寺守之諸侯夫人父母沒不得歸寧之類是也○猶坊止水之所自來也坊謂堤坊人築堤坊止約水之所從來之處言若有汙下水來之處則豫防障之○故以舊坊爲無所用而壞之者必有水敗者譬言舊禮不可去也坊以止水忽有無知之人謂舊坊爲無所用而壞之坊壞則水必來敗於産業也○以舊禮爲無所用而去之者必有亂患者禮本坊亂忽有愚人謂舊禮爲無所用而壞去之者則必有亂患之事也○注婿曰昏妻曰姻○正義曰案爾雅釋親云婿之父爲姻婦之父爲婚此云婿曰昏妻曰姻者爾雅據男女父母此據男女之身婿則昏時而迎婦則因而隨之故云婿曰昏妻曰姻

故昏姻之禮廢則夫婦之道苦而淫辟之罪多矣鄉飲酒之禮廢則長幼之序失而爭鬭之獄

繁矣喪祭之禮廢則臣子之恩薄而倍死忘生者衆矣聘覲之禮廢則君臣之位失諸侯之行惡而倍畔侵陵之敗起矣苦謂不至不荅之屬○辟匹亦反倍音佩下同行下孟反

【疏】故昏姻至起矣○正義曰此明禮諸事不可闕廢若其闕廢則禍亂興也○而爭鬬之獄繁矣者以鄉飲酒之禮明上下長幼共相敬讓今若廢而不行則尊卑無序故爭鬬之獄繁多矣○而倍死忘生者衆矣者喪祭之禮所以敦勗臣子恩情使死者不見背違生者恒相從念若廢不行故臣子恩薄而死者見背生者被遺忘如此者多故云衆矣○而倍畔侵陵之敗起者倍畔謂據倍天子也侵陵謂侵陵鄰國也○注苦謂至之屬○正義曰不至者謂夫親迎而女不至若詩陳風云昏以爲期明星煌煌注云女留他色不肯時行序云親迎女猶有不至者是也不荅者謂夫不荅耦於婦故邶風云日月衛莊姜傷已不見荅於先君是也此經覆說前經反明上事但前經尊重者在前卑輕者在後故先朝覲後昏姻也又殊別君臣故先朝覲後聘問下經所鹹則據人倫切急者在前先昏姻次以鄉飲酒乃

至於聘覲也聘覲合之者以其聘覲禮廢則君臣位失倍畔侵陵其惡相通故合言之也故禮之教化也微其止邪也於未形使人日徙善遠罪而不自知也是以先王隆之也易曰君子慎始差若豪釐繆以千里此之謂也隆謂尊盛之也始謂其微時也○邪似嗟反遠于萬反差初隹反徐初宜反豪戶刀反依字作毫釐李其反徐音來本又作氂繆音謬○

〔疏〕故禮至謂也○正義曰故禮之教化也微者言禮之教人豫前事微之時豫教化之又教化之時依微不甚指斥○其止邪也於未形者謂止人之邪在於事未形著是教化於事微者也○使人至之也又使人日日徙善遠於罪惡而不自覺知是教化依微不甚指斥爲此之故是以先世之王隆尚之也易曰君子慎始差若豪釐繆以千里此之謂也者此易繫辭文也言君子謹慎事之初始差錯若豪釐之小至後廣大錯繆以至千里之大引之者證禮之防人在於未形著之前若初時不防則後致千里之繆故云此之謂也

哀公問第二十七。陸曰魯哀公也鄭云善其問禮著謚以顯之 疏 正義曰案鄭録目云名曰哀公問者善其問禮著謚顯之也此於別録屬通論但此篇哀公所問凡有二事一者問禮二者問政問禮在前問政在後

哀公問於孔子曰大禮何如君子之言禮何其尊也孔子曰丘也小人不足以知禮謙不荅也君曰否吾子言之也孔子曰丘聞之民之所由生禮爲大非禮無以節事天地之神也非禮無以辨君臣上下長幼之位也非禮無以別男女父子兄弟之親昏姻疏數之交也君子以此之爲尊敬然言君子以此故尊禮。長丁丈反別彼列反數色角反然

後以其所能教百姓不廢其會節君子以其所能於禮教百姓使其不廢此上事之期節有成事然後治其雕鏤文章黼黻以嗣上事行於民有成功乃後續以治文飾以爲尊卑之差。彫本亦作雕鏤力豆反黼音甫黻音弗其順之然後言其喪筭。備其鼎俎設其豕腊脩其宗廟歲時以敬祭祀以序宗族即安其居節醜其衣服卑其宮室車不雕幾器不刻鏤食不貳味以與民同利昔之君子之行禮者如此言語也筭數也即就也醜類也幾附纏之也言君子既尊禮民以爲順乃後語以喪祭之禮就安其居處正其衣服教之節儉與之同利者上下俱足也。筭悉亂反備其鼎俎本亦無此句腊音昔卑如字又音婢幾音祈注同語以魚據反公曰今之君子胡莫行之也孔子曰今之君子好實無厭淫德不倦荒怠敖慢固民是盡午其衆以伐有道求得當欲不以其所昔之用民者由前今之用民者由後今之君子莫爲禮也實猶富也淫放也固猶故也午其衆逆其族類也當猶稱也所猶道也由用上所言猶後用下所言。好呼報反厭於豔反敖五報反午五故反一音如字注同王肅作迕迕違也當丁浪反注同稱尺證反

【疏】哀公至禮也、正義曰此一節是哀公問禮之事大禮何如者以禮之所用其事廣大包含處廣故云大禮。君子之言禮何其尊也者哀公問夫子云賢人君子言說禮之事重此禮何事可尊問其所尊之事意。君曰否吾子言之也者孔子既辭以不堪足以識知於禮君謂哀公哀公止其謙讓曰否否不也言不得謙退吾子但言說之也。然後以其所能教百姓者人君既知所生由禮故尊而學之學之既能迴持此能以教百姓也。不廢其會節者會由期也期節謂天地君臣男女之期節也。既教百姓故使百姓不廢此三事之期節也。有成事者謂有上三事行於民有

成功之事故云有成事則上事天地辨君臣別男女等之事
○然後治其雕鏤文章黼黻以嗣者言既有在上諸事然後
聖人能治理其雕畫刻鏤文章黼黻以嗣續其事使每事有
尊卑上下文彩之異○其順之者謂其民也君既尊敬於禮
故民得教而百姓順從之○然後言其喪筭者言猶示語也
筭數也民既從順然後示語其喪紀節數以教之也○設其
豕腊者謂喪中之奠有豕有腊也前示服數後設喪奠之禮
也○脩其宗廟歲時以敬祭祀者謂除服之後又教爲之宗
廟以鬼享之○以序宗族者又教祭祀末留同姓燕飲序會
宗族也○即安其居者即就也就安其居謂隨其風俗山川
溪谷之異而安之不使山者居川渚者居中原是也○節醜
其衣服者節正也醜類也又正其民衣服使得其類也衣服
異宜器械異制是也○卑其宮室者制使有度不峻宇雕墻
也○車不雕幾者幾謂沂鄂也謂不雕鏤使有沂鄂也器不
刻鏤者謂常用之器不用采飾○食不貳味者謂不副貳肴
膳也○以與民同利者非唯教民如此而君亦不奢飾但與
百姓同其利潤也○昔之君子之行禮者如此以哀公問君
子尊禮所由故結之云古昔之君子之行禮如此上事剌公
今不然○孔子曰今之君子好實無厭者實謂財貨充實言
今之君子性行貪婪好此財貨無知厭足○固民是盡者固

故也盡謂竭盡言不恤於下故使人之財力於是盡竭○午其衆以伐有道者午忤也忤違逆也言專意自縱不順衆心是違逆其衆族類也守道者被害是以伐有道也求得當欲不以其所者當稱也所道也言不以道而侵民求其所得必須稱已所欲不用其養民之道○今之君子莫爲禮也者言古之君子用前經所云以化民今之君子用後經所説以害下故今之君子無能爲先世君子之禮也

○孔子侍坐於哀公哀公曰敢問人道誰爲大孔子愀然作色而對曰君之及此言也百姓之德也固臣敢無辭而對人道政爲大愀然變動貌也作猶變也德猶福也辭讓也○坐才卧反愀七小反舊慈糾反又在由反又音秋又子了反下同公曰敢問何謂爲政孔子對曰政者正也君爲正則百姓從政矣君之所爲百姓之所從也君所不爲百姓何從言君當務於政公曰

敢問爲政如之何孔子對曰夫婦别父子親君臣嚴三者正則庶物從之矣○庶物猶衆事也别彼列反公曰寡人雖無似也願聞所以行三言之道可得聞乎無似猶言不肖○肖音笑孔子對曰古之爲政愛人爲大所以治愛人禮爲大所以治禮敬爲大敬之至矣大昏爲大大昏至矣大昏既至冕而親迎親迎也者親之也親之也者親之也是故君子興敬爲親舍敬是遺親也弗愛不親弗敬不正愛與敬其政之本與大昏國君取禮也至矣言至大也與敬爲親言相敬則親○迎逆敬反下及注同舍音捨不親不正一本不皆作弗與音餘下本與敬與並同公曰寡人

願有言然冕而親迎不已重乎（已猶大也怪親迎乃服祭服○大音泰）孔子愀然作色而對曰合二姓之好以繼先聖之後以爲天地宗廟社稷之主君何謂已重乎（先聖周公也○好呼報反）公曰寡人固不固焉得聞此言也寡人欲問不得其辭請少進（固不固言吾由鄙固故也請少進欲其爲言以曉己○焉於虔反爲于僞反）孔子曰天地不合萬物不生大昏萬世之嗣也君何謂已重焉孔子遂言曰內以治宗廟之禮足以配天地之神明出以治直言之禮足以立上下之敬物恥足以振之國恥足以興之爲政先禮禮其政

之本與宗廟之禮祭宗廟也夫婦配天地有日月之象焉禮器曰君在阼夫人在房大明生於東月生於西此陰陽之分夫婦之位也直猶正也正言謂出政教也政教有夫婦之禮焉昏義曰天子聽外治后聽內職教順成俗外內和順國家理治此之謂盛德物猶事也事恥臣恥也振猶救也國恥君恥也君臣之行有可恥者禮足以救之足以興復之○分扶問反治直吏反下同行下孟反下君之行同孔子遂言曰昔三代明王之政必敬其妻子也有道妻也者親之主也敢不敬與子也者親之後也敢不敬與君子無不敬也敬身爲大身也者親之枝也敢不敬與不能敬其身是傷其親傷其親是傷其本傷其本枝從而亡三者百姓之象也身以及身子以及子妃以及妃君行此三者則

愾乎天下矣大王之道也如此則國家順矣愾猶至也大王居豳爲狄所伐乃曰土地所以養人也君子不以其所養害所養乃去之岐是言百姓之身猶吾身也百姓之妻子猶吾妻子也不忍以土地之故而害之去之岐而王迹興焉○妃芳非反愾詐乞反又許氣反大音泰注同豳彼貧反

疏 孔子至順矣○正義曰此一節明哀公問政之事并問爲政何以必須親迎孔子對之三事今各隨文解之○孔子侍坐於哀公者謂哀公命孔子坐而侍之因問以爲政之事自此以下終篇末皆侍坐時言也此云侍坐則以前問者非侍坐時也當立而與之言也○百姓之德也者德謂恩德謂福慶之事言君今問此人道之大欲憂恤於下是百姓受其福慶○公曰寡人雖無似也者無似猶言不肖也肖亦似也哀公謙退言已愚蔽無能似類賢人也○願聞所以行三年之道者則上經夫婦別父子親君臣嚴是也○古之爲政愛人爲大者人爲國本是以爲政之道愛養民人爲大○所以治愛人禮爲大者人有禮則生所以治理愛人非禮不可故禮爲大○所以治禮敬爲大者禮以敬爲主故欲治禮者則先須敬故敬爲其大也○敬之至矣大昏爲大者敬有大小若敬至極之中大昏爲大大昏謂天子諸侯之昏

也○大昏至矣者美大昏是敬中至極也○大昏既至冕而親迎親之也者上親猶自也下親親愛也言大昏既是至敬故國君雖尊而服其冕服以自迎也所以自迎者欲親此婦也故云親之也○親之也者親之也謂所以親此婦人亦親已也故是故君子興敬爲親者言君子冕而親迎興起敬心爲欲相親也○舍敬是遺親也者若不冕而親迎則是捨夫敬心是遺棄相親之道也○弗愛不親者若夫不愛重不自親迎則夫婦之情不相親愛矣○弗敬不正者若夫不冕服親迎是不敬於婦則室家之道不正矣愛與敬其政之本與者愛謂親愛則仁也敬謂尊敬則義也是仁義爲政教之本也○冕而親迎不已重乎者冕則祭服也天子則衮冕諸侯以下各用助祭之服故士昏禮主人爵弁服是也已猶大也君身著祭服而親迎不亦大重乎○注怪親迎乃服祭服○正義曰昏禮迎婦二傳不同春秋公羊說自天子至庶人皆親迎左氏說天子至尊無敵故無親迎之禮諸侯有故若疾病則使上卿逆上公臨之許氏謹案高祖時皇太子納妃叔孫通制禮以爲天子無親迎從左氏義玄駁之云大姒之家在渭之涘文王親迎於渭即天子親迎明文也引禮記冕而親迎繼先聖之後以爲天地宗廟社稷之主非天子則誰乎如鄭此言從公羊義也又詩說云文王親迎於渭紂尚南面文

王猶爲西伯耳以左氏義爲長鄭駁未定○注云先聖周公也○正義曰以哀公所問當問已諸侯唯魯出周公故解先聖爲周公又魯得郊天故云天地宗廟社稷之主若異義駁所云則以先聖及天地據天子以事含兩義故彼此各舉一邊○公曰至本與○固不固者上固是彼固下固故也言寡人由鄙固之故所以得聞此言由其固陋殷重問之故得聞此言皇氏用王肅之義二固皆爲固陋上固言已之固陋下固言若不鄙固則不問不問焉得聞此言哉○寡人欲問不得其辭之○請少進者寡人更欲問所疑之事不能得其所問之辭請孔子少進言使簡約易了○內以治宗廟之禮足以配天地之神明者謂君祼獻后夫人亞獻之屬是治宗廟之禮也天地謂日月也夫配日婦配月注引禮器文是也○出以治直言之禮足以立上下之敬者直正也若夫婦出在於外治理正直言教之禮足以立君臣上下之恭敬也則注引民義文是也物恥足以振之者物事也振救也謂臣之職事有可恥愧者其禮足以救之○國恥足以興之者謂君於治國有可恥愧其禮足以興起之也○爲政先禮禮其政之本與者言欲爲國家之政先行於禮禮謂夫婦之道內則治宗廟配天地外則施政教立上下故爲政教之本與○孔子至順矣○上經孔子荅哀公以問政之事遂更廣言三代明

王爲政之道敬其妻子及敬其身乃可施政教於天下言敬其妻子也有道者謂三代敬其妻子必有道理故言有道也○妻也者親之主也言妻所以供粢盛祭祀與親爲主故云親之主也○三者百姓之象也者謂身也子也妃也若愛百姓先須敬身及子及妃乃能及百姓故云百姓之象也○身以及身子以及子妃以及妃者此言百姓之象能愛已身則以及百姓之身能愛已子則以及百姓之子能愛已妃則以及百姓之妃是身與妻子還是百姓身與妻子故云百姓之象也前汎言故云妻此論人君治國政故云妃○君行此三者則愾乎天下矣大王之道也者言人君行此三事從近而能廣至於天下矣唯大王能然故云大王之道也○如此國家順矣者既能愛百姓之身及妻子如似已身及已之妻子也則天下懷德無不順從故云國家順矣○注愾猶至與焉○正義曰愾音近憩憩爲息息是至之義故云愾猶至也云大王居豳爲狄所伐者毛詩傳文案詩稱大王居豳狄人侵之事之以皮幣不得免焉事之以犬馬不得免焉事之以珠玉不得免焉乃屬其耆老而告之曰狄人之所欲吾土地吾聞之土地所以養人君子不以其所養人而害人遂去之邑於岐山之下毛傳所引者皆孟子文又莊子及呂氏春秋稱大王亶父曰與人之兄居而殺其弟與人之父居而殺其子

吾不忍也且吾聞之不以其所養害所養於是乃策杖而去民相隨而從之遂成國於岐山之下又書傳畧說云事之以菽粟貨財狄人攻而不止遂策杖而去國人束脩奔走而從者三千戍止而民成三千戶之邑也此注君子不以其所養害所養取莊子呂氏春秋文也

公曰敢問何謂敬身孔子對曰君子過言則民作辭過動則民作則君子言不過辭動不過則百姓不命而敬恭如是則能敬其身能敬其身則能成其親矣則法也民者化君者也君之言雖過民猶稱其辭君之行雖過民猶以爲法

疏公曰至親矣○正義曰以前經對哀公爲政在於敬身故此經公問敬身之事孔子對以敬身之理○君子過言則民作辭者以君爲民表下之所從假令過誤出言民猶法之稱作其辭○過動則民作則者君子假令過誤舉動而民作其法則所以君子出言不得過誤其辭舉動不得過誤法則

公曰敢問何謂成親孔子對曰君子也者

人之成名也百姓歸之名謂之君子之子是使其親爲君子也是爲成其親之名也已孔子遂言曰古之爲政愛人爲大不能愛人不能有其身不能有其身不能安土不能安土不能樂天不能樂天不能成其身有猶保也不能保身者言人將害之也不能安土動移失業也不能樂天不知已過而怨天也○樂天音洛下及注同怨於元反又於願反

疏公曰至其身○正義曰前經對哀公敬身則能成親故此經明公更問敬身之事何以成親夫子荅以成親之義遂廣明成身之理君子也者人之成名也者言凡謂之君子者人之成就美名王肅云君上位子下民○百姓歸之名謂之君子之子者言已若能敬身則百姓歸已善名謂已爲君子所生之子是已之脩身使其親有君子之名是脩身成其親也○不能有其身不能安土者既不能汎愛於人人則害之故不能保有其身避其禍害流移失業是不能安土○不能樂天

者身既失業不知已過所招乃更怨天是不能愛樂於天也○不能成其身者既不能樂天不自知其罪將謂天之濫罰罪惡之事無所不爲是不能成其身

公曰敢問何謂成身孔子對曰不過乎物

物猶事也

疏 公曰至乎物○正義曰以前經對哀公以成身故此經明公問成身夫子荅以成身之事○不過乎物者過謂過誤物事也言成身之道不過誤其事但萬事得中不有過誤則諸行並善是所以成身也

公曰敢問君子何貴乎天道也孔子對曰貴其不已如日月東西相從而不已也是天道也不閉其久是天道也無爲而物成是天道也已成而明是天道也

已猶止也是天道也者言人君法之當如是也日月相從君臣相朝會也不閉其久通其政教不可以倦無爲而成使民不可以煩也已成而明照察有功○朝直遥反炤音照本亦作照

疏 公曰至道也○正義曰以前經孔子對以成身之事公更無疑更改問君子何貴乎

天道孔子又荅以貴天道之事○如日月東西相從而不已也是天道也者言天體無形運行不息如似日月東西相從而不休已是天道也人君設法當則上天之道君臣朝會往來不已也○不閉其久是天道也者言天開生萬物不使閉塞其能久長是天道也謂人君施政當則天道施爲政教開通萬物而能長久不懈倦也故云是天道也○無爲而物成是天道也者言春生夏長無見天之所爲而萬物得成是天道謂人君當則天道以德潛化無所營爲而天下治理故云是天道也○已成而明是天道也者言天之生物已能成就而功之明著是天道人君當則天道化民治理而功成大平故云是天道也

公曰寡人惷愚冥煩子志之心也志讀爲識識知也冥煩者言不能明理此事子之心所知也欲其要言使易行○惷如容反徐昌容反又湯邦反一音丁絳反字林丑凶反又丑絳反愚也冥莫亭反徐亡定反志依注音識徐音試易以豉反

孔子蹴然辟席而對曰仁人不過乎物孝子不過乎物是故仁人之事親也如事天事天如事親是故孝子

成身蹴然敬貌物猶事也事親事天孝敬同也孝經曰事父孝故事天明舉無過事以孝事親是所以成身○蹴子六反又在育反辟音避○

【疏】公曰至身○正義曰前經明天道之事人君當則之無已公欲孔子要陳所行何事能得如天不已孔子荅以所行不已之事寡人惷愚者是哀公謙退言已惷然愚蔽無所了解○冥煩子志之心也皇氏云子志夫子之志志是知也言我之心冥煩不能明理此事子心所知也今謂志是識知也言孔子識知廣博故已欲使夫子出要言以示已○孔子蹴然辟席而對曰者與公謙退故蹴然恭敬辟席而起對○仁人不過乎物者物事也言仁德之人不過失於其事言在事無過失也○孝子不過乎物者言孝子事親亦於事無過也○是故仁人之事親也如事天者言仁人事親以敬如與事天相似言敬親與敬天同○事天如事親者言仁人事天以孝愛如人事親孝愛相似言愛親與愛天同○是故孝子成身者上稱仁人則孝子也據其汎愛則稱仁人據其事親則稱孝子內則孝敬於父母外則孝敬於天地其間無所不行孝敬故云孝子成身也

公曰寡人既聞此言也無如後罪何既聞此言也者欲勤行之也無奈後日過於事之罪何為謙辭孔子對

曰君之及此言也是臣之福也善哀公及此言此言善言也○疏公曰至福也○正義曰此一節明哀公問事畢有謙退之辭孔子荅以君懼後罪是臣之福也○無如後罪何者如奈也言寡人以闇子之言勤力而行但已之才弱無柰後日過於其事而有罪戾何是謙退之辭

仲尼燕居第二十八○陸曰鄭云善其不倦燕居猶使三子侍言及於禮著其字言可法也退朝疏正義曰案鄭目録云名曰仲尼燕居者善而處曰燕居疏其不倦燕居猶使三子侍之言及於禮著其字言事可法退朝而處曰燕居此於別録屬通論此之一篇是仲尼燕居子張子貢言游三子侍側孔子爲說禮事各依文解之

仲尼燕居子張子貢言游侍縱言至於禮言游言偃子游也縱言汎說事○燕於見反汎芳劒反子曰居女三人者吾語女禮使女以禮周流無不徧也居女三人者女三人且坐也使之坐凡與

尊者言更端則起○女音汝後同本亦作
汝語魚據反下及注語女皆同徧音遍【疏】○仲尼至徧也
○正義曰此
一節論問更端三子陪侍夫子欲語以禮之大綱○縱言至
於禮者縱謂放縱仲尼與三子等放縱廣言汎說諸事遂至
於禮○使女以禮周流無不徧也周流謂周旋流
轉言我使女等恒以禮周旋流轉無不徧於天下

子貢越席而對曰敢問何如對應也子曰敬而不中禮謂之野恭而不中禮謂之給勇而不中禮謂之逆子曰給奪慈仁奪猶亂也巧言足恭之人似慈仁實鮮仁特言是者感子貢也

子貢辨近於給○中丁仲反下同給音急徐渠急反又
其劫反下同足將注反又如字鮮仙淺反近附近之近【疏】
子貢至慈仁○正義曰此一節明子貢問禮辨而不讓夫子
因感而喻之言若不中禮則於事爲失敬而不中禮謂之野
者野謂鄙野雖有恭敬而不合禮是謂鄙野之人無所知也
恭而不中禮謂之給者給謂捷給便僻足恭而不合禮是謂
捷給足恭之貌勇而不中禮謂之逆逆謂逆亂雖有壯勇而
不合禮則爲逆亂○子曰給奪慈仁者言捷給之人貌爲恭

敬似慈愛寬仁而實不慈仁但其貌奪亂真慈仁也故注云特言是者感子貢也子貢辨近於給

子曰師爾過而商也不及子產猶衆人之母也能食之不能教也

過與不及言敏鈍不同俱違禮也衆人之母言子產慈仁多不矜莊又與子張相反子產嘗以其乘車濟冬涉者而車梁不成是慈仁亦違禮○食音嗣敏頓徒遜反乘繩證反又如字

【疏】子曰至教也正義曰以上經子貢辨而捷給不中於禮故此經因明不中禮之人亦言子張之過子夏不及子產之恩惠不能教也○子產猶衆人之母也者言父義母慈父能教而不能愛母則能愛而不能教言子產若衆人之母但能恩慈食之不能嚴厲教之○注過與至違禮○正義曰敏鈍不同者師也過是於事敏疾商也不及是於事遲鈍故言敏鈍不同云子產嘗以其乘車濟冬涉者而車梁不成者孟子云子產聽鄭國之政以其乘車濟人於溱洧孟子曰惠而不知爲政歲十一月徒杠成十二月輿梁成民未病涉也是鄭約孟子爲注既言十一月十二月明是濟冬涉者

子貢越席而對曰敢問將何以爲此中者也子曰禮

乎禮夫禮所以制中也禮乎禮唯有禮也子貢退言游進曰敢問禮也者領惡而全好者與子曰然領猶治也好善也○與音餘下無相與同然則何如子曰郊社之義所以仁鬼神也嘗禘之禮所以仁昭穆也饋奠之禮所以仁死喪也射鄉之禮所以仁鄉黨也食饗之禮所以仁賓客也仁猶存也凡存此者所以全善之道也郊社嘗禘饋奠存死之善者也射鄉食饗存生之善者也郊有后稷社有句龍○昭穆上遥反穆亦作繆音同食饗音嗣注同句古侯反子曰明乎郊社之義嘗禘之禮治國其如指諸掌而已乎是故以之居處有禮故長幼辨也以之閨門之內有禮故三族和也以

之朝廷有禮故官爵序也以之田獵有禮故戎事閑也以之軍旅有禮故武功成也是故宫室得其度量鼎得其象味得其時樂得其節車得其式鬼神得其饗喪紀得其哀辨説得其黨官得其體政事得其施加於身而錯於前凡衆之動得其宜治國指諸掌言易知也郊社嘗禘尊卑之事有治國之象焉辨別也三族父子孫也凡言得者得法於禮也量豆區斗斛也味酸苦之屬也四時有所多及獻所宜也式謂載也所載有尊卑辨禮之説謂禮樂之官教學者黨類也體尊卑異而合同○長丁丈反後皆同量音諒注及下同錯七故反本又作措後同易以豉反別彼列反下其別同區烏侯反

子曰禮者何也即事之治也君子有其事必有其治治國而無禮譬

猶瞽之無相與倀倀乎其何之譬如終夜有求於幽室之中非燭何見若無禮則手足無所錯耳目無所加進退揖讓無所制是故以之居處長幼失其別閨門三族失其和朝廷官爵失其序田獵戎事失其策軍旅武功失其制宮室失其度量鼎失其象味失其時樂失其節車失其式鬼神失其饗喪紀失其哀辨說失其黨官失其體政事失其施加於身而錯於前凡衆之動失其宜如此則無以祖洽於衆也凡言失者無禮故也策謀也祖始也洽合也言失禮無以爲衆倡始無以合和衆○治直

吏反下其治治國並同聲音古相息亮反假勑良反無見貌策初革反爲衆于僞反又如字倡尺亮反【疏】子貢至衆也○正義曰此一節明子游問禮夫子爲說禮之事凡有三節各隨文解之○領惡而全好者與領治也好善也與是語辭子游問禮之爲體治去惡事而留全善事者與子曰然然。如是夫子荅以禮之爲意如是領惡全善也○然則何如者子游既聞夫子稱治惡全好之事更問夫子治惡全好之事如何○子曰郊社之義所以仁鬼神也者仁謂仁恩相存念也郊社之祭所以存念鬼神也○饋奠之禮所以仁死喪也者謂人之初死設此饋食之奠所以存念死喪此以上皆是存留死事之善者善事既全則惡事除去也○射鄉之禮所以仁鄉黨也射謂鄉射。鄉謂鄉飲酒也禮鄉黨中有鄉射有鄉飲酒者存鄉黨故也然射在鄉上者欲明鄉射與鄉飲酒別也此仁鄉黨及下仁賓容皆是存生之善者也。注郊有后稷社有句龍○正義曰注稱此者解經郊社仁鬼神之義鬼神謂人之鬼神故以后稷句龍言之此鬼神與昭穆死喪相類故知非陰陽七八九六之鬼神也○子曰至其宜○正義曰前經明郊社等之禮各有所由故此經更廣明郊社嘗禘明而用之則有功也又廣明諸禮所用有功之事○治國其如指諸掌而已乎者郊社所以祭天地嘗禘所以祭宗廟

皆是事之難者若能明之得理則治之諸事其如指掌中之
物言其易了○是故宮室得其度者前經以說明乎郊社嘗
禘治國如指物於掌中此以下明治國諸事各得其所宮室
得其度者度謂制度高下大小得其依禮之度數凡言得者
皆得法於禮也○量鼎得其象者象謂法象言斛斗之量三
牲之鼎各得其制依禮之法象故易繫辭云以制器者尚其
象○味得其時者謂春酸夏苦之屬得其依禮之時○樂得
其節者謂樂曲之節○車得其式者式載也言所乘之車各
得其所載之尊卑○鬼神得其饗者謂天神人鬼各得其饗
食也○喪紀得其哀者謂五服親疏各得其哀情也○辨說
得其黨者謂分辨論說詩書禮樂之等各得其黨類不乖事
之義理○官得其體者體謂容體謂設官分職各得其尊卑
之體○政事得其施者言布政治事各得其所施之處也○
加於身而錯於前凡衆之動得其宜者合結用禮之功也錯
置也衆謂萬事也以禮加身而錯置行之於前則凡萬事動
用皆得其所宜也○注三族至合同○正義曰云三族父子
孫也者族屬也從己而言父子孫於己最近唯父子孫耳案
昏禮三族之不虞鄭注云三族謂父昆弟己昆弟子昆弟與
此不同者彼爲請期恐有期喪廢昏故云三族宜據期喪者
故與此不同云量豆區斗斛也者案春秋左氏昭三年傳云

齊舊四量四升爲豆各自其四以登於釜注云四豆爲區四區爲釜又律厤志云十升爲斗十斗爲斛是豆區斗斛云四時有所多及獻所宜也者案周禮食醫春多酸夏多苦秋多辛冬多鹹又獸人云冬獻狼夏獻麋是也云式謂載也者謂車有式以載人故云式猶載也云辨禮之說謂禮樂之官教學者以下別云官得其體政事得其施則此辨說非政事故以爲禮樂之官教學者舉禮樂則詩書可知云黨類也者言教學各以其書之義類故云得其黨云體尊卑異而合同者猶人身之有手足手足異於身而共體猶若長官與屬官亦尊卑異而共掌一事○子曰至衆也○正義曰前經明諸事得禮則有其功此經明諸事失禮則其事有害○即事之治也者夫子更廣明禮事更自設問云禮者何也即事之治理言萬物之治皆由禮○譬猶瞽之無相與倀倀乎其何之者瞽謂無目相謂扶相言治國無禮譬猶瞽者無人扶相倀倀乎何所之適○是故以之居處長幼失其別者此以下皆謂無禮有失也飜前經得禮之事也長幼失其別者別即辨也○戎事失其策者前云戎事閑也今云失其策者策謂謀也若失其謀則不能閑暇也○軍旅武功失其制者前云武功成也此云失其制由不成故失制也○政事失其施者失施若春行夏令之屬也○加於身而錯於前凡衆之動失其宜者

以無禮自加而錯於行事故萬事皆失所宜也如此則無以祖洽於衆也者結失禮之惡也祖始也洽合也每事如此則爲君上失德不可爲衆人之倡始而使和合者也

子曰愼聽之女三人者吾語女禮猶有九焉大饗有四焉苟知此矣雖在畎畝之中事之聖人已兩君相見揖讓而入門入門而縣興揖讓而升堂升堂而樂闋下管象武夏籥序興陳其薦俎序其禮樂備其百官如此而后君子知仁焉行中規還中矩和鸞中采齊客出以雍徹以振羽是故君子無物而不在禮矣入門而金作示情也升歌清廟示德也下而管象示事也是故古

之君子不必親相與言也以禮樂相示而已猶有九焉吾所欲語女餘有九也但大饗有四大饗謂饗諸侯來朝者也四者謂金再作升歌清廟下管象也事之謂立置於位也聖人已者是聖人也縣興金作也金再作者獻主君又作也下謂堂下也象武武舞也夏籥文舞也序更也堂下吹管舞文武之樂更起也知仁焉知禮樂所存也采齊雍振羽皆樂章也振羽振鷺及雍金作示情也賓主人各以情相示也金性內明象人情也示德也相示以德也清廟頌文王之德示事也相示以事也武象武王之大事也○眜古犬反縣音玄注同闋苦穴反籥音藥中丁仲反下同還音旋齊本又作薺在細在私二反注同更音庚下同鷺音路

子曰禮也者理也樂也者節也君子無理不動無節不作不能詩於禮繆不能樂於禮素薄於德於禮虛繆誤也素猶質也歌詩所以通禮意也作樂所以同成禮文也崇德所以宴禮行也王制曰樂正崇四術立四教順先王詩書禮樂以造士春秋教以禮樂冬夏教以詩書王大子王子羣后之大子卿大夫

元士之適子國之俊選皆造焉則古之人皆知諸侯之禮樂○繆音謬注同行下孟反又如字夏戶嫁反大子音泰下大子下文大平同適丁歷反選宣面反造才早反徐七到反子曰制度在禮文爲在禮行之其在人乎文爲文章所爲子貢越席而對曰敢問夔其窮與見其不達於禮○夔求龜反與音餘子曰古之人與古之人也達於禮而不達於樂謂之素達於樂而不達於禮謂之偏夫夔達於樂而不達於禮是以傳於此名也古之人也素與偏俱不備耳夔達於樂傳世名此賢人也非不能非所謂窮○傳丈專反注同

疏 子曰至人也○正義曰以前經子游問禮孔子特爲說之自此以下孔子揔爲三人說禮之大意但於禮之內大饗爲重故此經特明之今各隨文解之○猶有九焉者言上經所說禮外猶有九事焉今爲汝說之○大饗有四焉者言九事之中兩君相見大饗有四四者謂賓初入門而縣興揖讓而升堂

主人獻賓賓飲訖而樂闋是一也賓酢主人金奏作主人飲畢而樂闋是二也至工入升歌清廟是三也歌畢堂下管象武是四也是大饗有四焉苟知此矣雖在畎畝之中事之聖人已者苟誠也謂誠能知此四事其身雖在畎畝之中衆人奉而事之立置於位戴以爲君聖人已者已謂語辭言如此者是聖人也○兩君相見揖讓而入門者諸侯來朝兩君相見揖讓而入門○入門而縣興者謂鍾磬與而動作謂金奏作也揖讓而升堂升堂而樂闋者賓主及階揖讓升堂主人獻賓賓卒爵而樂闋是大饗之一也又於此之後賓酢主君而縣興主君飲畢而樂闋是大饗之二也鄭注所謂金再作是也○下管象武者謂升歌清廟是大饗之三也堂下管中吹象武之曲是大饗之四也但此下管象武之上少升歌清廟之一句下文既詳故於此畧之○夏籥序興者夏籥謂大夏文舞之樂以象武次序更遞而興於是陳列薦俎次序禮樂備具百官從夏籥序興至此重賛揚在上之事○如此而后君子知仁焉者仁猶存也君子見上大饗四焉知禮樂所存在也行中規至徹以振羽者是大饗四禮之外加有此五事揔爲九也但以前四事義廣意深故特明於上此之五事折旋揖讓其理淺露故别於下○行中規者謂曲行配前爲第五○還中矩者謂方行也通爲六也○和鸞中采齊者采

齊樂章名言和鸞之聲中采齊之曲謂出門迎賓之時通前爲七也○客出以雍者雍詩樂章名也言客出之時歌雍以送之通前爲八也○徹以振羽者振羽即振鷺詩亦樂章名也言禮畢通徹器之時歌振鷺也通爲九也○是故君子無物而不在禮矣者言無事不在禮萬事皆在於禮也○入門而金作示情也○謂賓入門之後至主人飲畢而金鐘之聲再度興作金性內明主人獻賓而金作是主人示賓以恩情賓酢主人而金作是賓示主人以敬情覆上縣興之文也○升歌清廟示德也者清廟頌文王之德故云示德也此覆詠上文但前文畧而不載也○下而管象示事也者象謂武王伐紂之樂事謂王業之大事故下管象武示王業之事也此覆釋前文下管象武也○古之君子不必親相與言也以禮樂相示而已者言古之君子相朝會不必親自以事相與丁寧而言但以禮樂微相示語依違而已○注猶有至事也○正義曰大饗謂饗諸侯來朝者也經云兩君相見故知是饗諸侯來朝謂鄰國相會也云四者謂金再作升歌清廟下管象也者是數大饗有四之事金再作是二也升歌清廟是三也下管象是四也云事之謂立置於位也者以經先云大饗有四焉乃云事之故鄭注亦先數四事乃解事之也而皇氏以夏籥序興與下管象武合爲一爲大饗之事四今鄭數四事直云

下管象武不數夏籥序興又經云金作示情清廟示德下管示事不論夏籥皇氏通數夏籥其義非也云縣興金作也者解經入門而縣興謂金奏第一作也案大射禮賓及庭奏肆夏至主人獻賓賓再拜受爵樂闋是金一作也但大射以臣爲賓故及庭始金奏若鄰國君來入門即金奏也云金再作者獻主君又作也者案大射禮主人獻賓之後主人洗象觚獻于公公拜受爵乃奏肆夏公卒爵而樂闋大射禮謂臣爲主而獻君若兩君相見則賓獻主君故獻主君又作也云堂下吹管舞文武之樂更起也者以經云下管象武即云夏籥序興是初時管中吹象武之曲已後與夏籥文舞更遞而作故云舞文武之樂更起也云采齊雍振羽皆樂章也以雍是詩篇名振羽即振鷺故知與采齊之等皆是樂章之名也云武象武王之大事也以此象武與清廟相對清廟是文王之詩故知象武是武王之樂案周頌維清奏象武也注云武王制焉盧解大饗有九者揖讓而入門一也入門而縣興二也揖讓而升堂三也升堂而樂闋四也下管象武五也夏籥序興六也陳其薦俎七也序其禮樂八也備其百官九也王肅以爲大饗九者其下五事與鄭同又以揖讓而入門入門而縣興揖讓而升堂爲一也升堂而樂闋二也下管象武夏籥序興三也陳其薦俎序其禮樂備其百官爲四也添下五事

爲九也○子曰至禮虛○正義曰以前經大饗有禮樂之事故此經申明禮樂之義理謂道理言禮者使萬事合於道理也○樂也者節也者節制也言樂者使萬物得其節制○君子無理不動無節不作者言古之君子若無禮之道理不妄興動無樂之節制不敢興作○不能詩於禮繆者以詩能通達情意得則行禮審正若不能習詩則情意隔絕於禮錯繆言行禮必須詩○不能樂於禮素者素謂質素言樂能有音聲綴兆干戚文飾於禮若不能習樂則於禮樸素○薄於德於禮虛者言內心厚於其德則外充實若內心淺薄於德則於外禮空虛言行禮必須德言此經雖禮樂並陳德是百行之本樂是禮中之別故明禮須詩樂及德乃爲善也○注王制至禮樂○正義曰引王制者明上從天子下至國之後選皆須禮樂而成證經之君子無理不動無節不作也云皆知諸侯之禮樂者以前經大饗是兩君相見諸侯禮樂之事此經申說前經云君子無理不動故知尊卑皆是諸侯之禮樂○子曰至人也○正義曰前經明禮爲諸事之本此經明行禮在人○制度在禮者言國家尊卑上下制度存在於禮○文爲在禮者人之文章所爲亦在於禮言禮爲制度文章之本行之其在人乎者言能行其禮全在人乎謂人能行禮也○子貢至人也○正義曰前經孔子稱唯人能行禮子貢唯聞

夔之善樂不開夔之達禮意謂夔身全不解禮故越席而對夫子云敢問此夔於禮其窮困與○子曰古之人與者言今人解樂則全不知禮夔是古之人與但不曉達於禮耳非全不知也○古之人也達於禮而不達於樂謂之素者古與今異古之人也明達於禮而不甚明達於樂者但謂之樸素不備具耳不得稱於樂爲窮○達於樂而不達於禮謂之偏者言古之人但明達於樂而不甚明達於禮者謂之偏半而不備耳非是於禮爲窮○夫夔達於樂而不達於禮是以傳於此名也言夔禮樂兼有但樂優於禮故特通達於樂不甚通達於禮是以傳於此賢名流於後世若全不解禮何以傳於此名也古之人也更重美夔云是古之人與今之人別也若今人達於樂而不達於禮者則全不知禮也○素與至謂窮○正義曰素與偏俱不備耳者言素之與偏俱是不具非是全不知也故稱耳以結之云非不能非所謂窮者言夔非是不能行禮但不特通達非謂全不知於禮爲窮困也故虞書舜命伯夷典朕三禮伯夷讓夔是夔知禮也而皇氏以達爲掌言夔掌樂不掌禮達訓爲掌於義無文又與鄭注意乖其義非也

子張問政子曰師乎前吾語女乎君子明於禮樂舉而錯之而

已言禮樂足以爲政也錯猶施行也○子曰師乎絕句子張復問子曰師爾以爲必鋪几筵升降酌獻酬酢然後謂之禮乎爾以爲必行綴兆興羽籥作鍾鼓然後謂之樂乎言而履之禮也行而樂之樂也君子力此二者以南面而立夫是以天下大平也諸侯朝萬物服體而百官莫敢不承事矣禮之所興衆之所治也禮之所廢衆之所亂也目巧之室則有奧阼席則有上下車則有左右行則有隨立則有序古之義也室而無奧阼則亂於堂室也席而無上下則亂於席上也

車而無左右則亂於車也行而無隨則亂於
塗也立而無序則亂於位也昔聖帝明王諸
侯辨貴賤長幼遠近男女外內莫敢相踰越
皆由此塗出也服體體服也謂萬物之符長皆來爲瑞應也衆之所治衆之所以治也衆之所
亂衆之所以亂也目巧謂但用巧目善意作室不由法度猶
有奧阼賓主之處也自目巧以下古今常事不可廢改也○
復扶又反鋪普胡反徐音孚樂之音洛又音岳治直吏反注
同奧字又作隩烏報反阼才故反符長丁丈反隱義云符謂
甘露醴泉之屬長謂麟鳳五靈之屬
應應對之應徐於甑反處昌慮反　三子者既得聞
此言也於夫子昭然若發矇矣乃曉禮樂不可廢改之意也○
昭章遥反徐之紹反明也
矇音蒙矣本亦無矣字　疏 子張至矇矣○正義曰舉論錯之而已者錯行也言爲政
之道明於禮樂興舉而錯行之言爲政在此而已○言而履
之禮也者言爲禮之體不在於几筵升降酬酢乃謂之禮但

在乎出言履踐行之謂之禮也○行而樂之樂也者言樂不在於羽籥鍾鼓乃謂之樂但在乎身之行天下愛樂謂之樂也○君子力此二者力謂勉力也言君子勉力勤行此二者禮樂之事則天下太平○萬物服體者服謂屈服體謂形體言飛走動植之物而皆來為瑞應也○目巧之室則有奧阼者言但用目準視巧思存意雖不由法度猶有奧阼賓主之處不可不有也○席則有上下者言布席之時不可無上下○車則有左右者言乘車之時不可無左右○行則有隨者謂少者在後相隨○立則有序者謂並立則有次序○古之義也者自古以來禮樂之意○室而無奧阼則亂於堂室也上言得禮則治自此以下言失禮則亂故準上文○皆由此塗出也者由從也塗道也道謂禮樂○言古之聖帝明王所以能使貴賤長幼遠近男女殊別外內莫敢相踰越者皆由此禮樂塗道出其此事也○注服體至改也○正義曰謂萬物之符長者符謂甘露醴泉之屬長謂五方瑞應之長也云奧阼賓主之處也者爾雅云西南隅謂之奧奧之外則有賓位所在東階謂之阼故曰賓主之處云自目巧以下古今常事不可廢改也言經中目巧以上論說禮樂之事或質文沿革隨時變改自目巧以下尊卑上下萬代恒行故云古今常事不可廢改也

附釋音禮記注疏卷第五十

清嘉慶二十年重栞宋本十三經注疏

江西南昌府學栞

禮記注疏卷五十校勘記　阮元撰盧宣旬摘錄

附釋音禮記注疏卷第五十　惠棟挍宋本禮記正義卷第五十八

經解第二十六

孔子曰入其國節

孔子至者也　惠棟挍宋本無此五字

若不節之則失在於愚　閩本同監毛本之作制考文云宋板亦作之無則字

子産爭承之類是也　惠棟挍宋本作承與左傳合此本承作烝閩監毛本同

天子者與天地參節

然後玉鏘鳴也　閩監毛本同岳本同衛氏集說同嘉靖本同釋文出玉鎗云本又作鏘

和在軾前升車則馬動　閩監毛本同岳本同衛氏集說嘉靖本並同續通解前作故非也

故朝覲之禮節

婿曰昏　閩本同監毛本婿作壻岳本同衛氏集説嘉靖本並同疏放此

故朝至亂患　惠棟挍宋本無此五字

則豫防障之説同　閩監毛本同惠棟挍宋本防作坊衛氏集

禮本坊亂　閩監毛本同惠棟挍宋本坊作防

故禮之教化也微節

差錯若毫氂之小　閩本同惠棟挍宋本同毛本氂作釐

哀公問第二十七

哀公問於孔子曰節

然後言其喪筭同　各本同石經同釋文出喪筭毛本筭作算注

脩其宗廟　各本同石經同嘉靖本毛本脩作修

求得當欲　各本同毛本得誤德

哀公至禮也　惠棟挍宋本無此五字

孔子侍坐於哀公節

願聞所以行三言之道　閩監本同石經同岳本同嘉靖本同毛本言誤爲疏同

猶吾妻子也　閩監本同岳本同嘉靖本同衞氏集說同考文引宋板同毛本猶誤乃

孔子至順矣　惠棟挍宋本無此五字

謂所以親此婦人亦親已也　閩監毛本同考文引宋板亦親上有欲使婦人四字衞氏集說同

則是捨夫敬心　閩監毛本同考文云宋板夫作去衞氏集說同

則使上卿逆惠棟挍宋本同衞氏集說亦作逆閩監毛本逆作迎

不得其辭之請少進者閩監毛本同惠棟挍宋本無之字

振救也閩監本同毛本救誤敬下其禮足以救之同

言妻所以供粢盛祭祀閩監毛本同惠棟挍宋本妻下有者字

此論人君治國政閩本同惠棟挍宋本同衞氏集說同監毛本君誤臣

愾音近態態爲息閩本同監本態態作憩憩毛本作憩憩惠棟挍宋本作態態

毛詩傳文惠棟挍宋本同閩監毛本文誤云衞氏集說亦作文

而從者三千成閩監毛本同惠棟挍宋本成作乘按詩緜疏引書傳略說亦作乘字

公曰敢問何謂敬身節

公曰至親矣惠棟挍宋本無此五字

孔子對以敬身之理閩監本同衛氏集說同毛本理誤禮

公曰寡人惷愚冥煩節

事父孝故事天明閩監本同岳本同嘉靖本同衛氏集說同考文引宋板同毛本孝誤毋

公曰至成身惠棟按宋本無此五字

而有罪戾何閩監毛本同惠棟按宋本戾作失

仲尼燕居第二十八

仲尼燕居者善其不倦閩監毛本同惠棟按宋本無者字衛氏集說同

子貢越席而對曰敢問何如節

子貢辨近於給岳本同衛氏集說同閩監毛本辨作辯疏同嘉靖本同

子貢至慈仁惠棟按宋本無此五字

子曰師爾過節

言斂鈍不同　各本同釋文鈍作頓假借字

而車梁不成　閩監毛本同岳本同嘉靖本同惠棟按宋本車作輿衞氏集說同

子曰至教也　惠棟按宋本無此五字

言子產若衆人之母　閩監毛本同惠棟按宋本若上有猶字

而車梁不成者　閩監毛本同惠棟按宋本車作輿

子貢退節

以之軍旅有禮　各本同石經同毛本軍誤君

官失其體　惠棟按宋本石經宋監本岳本衞氏集說同閩監毛本體誤禮嘉靖本作躰俗字

子貢至衆也　閩監毛本同惠棟按宋本五字無山井鼎云子貢至衆也宋板此上有正義曰前經

明諸事得理止而使和合者也十七字

此一節明子游問禮　閩監本同毛本游作貢

然如是　惠棟按宋本然下有猶字衛氏集說同此本猶字脫閩監毛本同

此以上皆是存留死事之善者　毛本如此此本上皆是三字闕閩監二本闕上皆二字考文云宋板無皆字

射謂鄉射　閩監毛本同惠棟按宋本鄉射下有也字

則治之諸事　惠棟按宋本有國字此本國字脫閩監毛本同

按周禮食醫春多酸　閩本同惠棟按宋本同監毛本醫誤醬

子曰愼聽之節　惠棟按云子曰愼聽之節宋本分以禮樂相示而已矣之上合子貢退節爲一節子曰禮也者至其在人乎另爲一節子貢越席至古之人也另爲一節

縣興金作也金再作作者獻主君又作也 閩本同岳本同嘉靖本同衞氏集說同監本興誤與毛本獻誤厭考文云宋板亦作獻

通爲六也 閩監毛本同惠棟按宋本通下有前字衞氏集說同○下通爲九也放此

言禮畢通徹器之時 閩監毛本同考文云惠棟按宋本無通字衞氏集說亦作禮畢徹器

入門而金作示情也 惠棟按宋本如此此本者字脫閩監本同毛本者字有也字脫

大射禮謂臣爲主人而獻君 惠棟按宋本有人字此本人字脫閩監毛本同

下管象武即云夏籥序興 閩監毛本同考文引宋板無云字

君子無理不動 閩監本同毛本理誤禮

子張問政節

作鍾鼓 閩本同嘉靖本同衞氏集說同監毛本鍾作鐘石經同岳本同

室則有奥阼各本同石經同釋文出奥云字又作隩考文云古本奥作隩下及注同

子張至曚矣惠棟挍宋本無此五字

道謂禮樂閩監毛本同惠棟挍宋本下有也字

長謂五方瑞應之長也字閩監毛本同惠棟挍宋本無也

禮記注疏卷五十挍勘記

附釋音禮記注疏卷第五十

禮記　鄭氏注　孔穎達疏

孔子閒居第二十九○陸曰閒音閑鄭云名孔子閒居者善其倦而不褻猶使一子侍爲之說詩著其氏言可法也退燕避人曰閒居疏正義曰案鄭目録云名曰孔子閒居者善其無倦而不褻猶使一弟子侍爲之說詩著其氏言可法也退燕避人曰閒居此於别録屬通論

孔子閒居子夏侍子夏曰敢問詩云凱弟君子民之父母何如斯可謂民之父母矣凱弟樂易也○凱本又作愷又作豈丘在反注同弟本又作悌徒禮反注同樂音洛易以豉反孔子曰夫民之父母乎必達於禮樂之原以致五至而行三無以横於天下四方有敗必先知之此之

謂民之父母矣原猶本也橫充也敗謂禍裁也○裁音災【疏】正義曰但此篇子夏之問大畧有二從此至施于孫子問民之父母之事自三王之德參於天地以下問三王之德何以參於天地以終篇末但上節問民之父母以致五至而行三無子夏覆五至三無之事今各隨文解之○詩云凱弟君子民之父母者此詩大雅洞酌之篇美成王之德凱樂也弟易也謂成王行此樂易之德爲民之父母何如斯可謂民之父母矣者子夏舉此詩義而問夫子欲爲何事得爲民之父母○四方有敗必先知之者以聖人行五至三無通幽達微無所不悉觀其萌兆觀微知著若見其積惡必知久有禍災故云四方有敗必先知之若爲民父母者當須豫知禍害使民免離於禍故爲民之父母然四方有福亦先知之必云四方有敗者此主爲民除害爲本故舉敗言之子夏曰民之父母既得而聞之矣敢問何謂五至孔子曰志之所至詩亦至焉詩之所至禮亦至焉禮之所至樂亦至焉樂之所至哀亦至焉哀樂

相生是故正明目而視之不可得而見也傾耳而聽之不可得而聞也志氣塞乎天地此之謂五至凡言至者至於民也志謂恩意也言君恩意至於民則其詩亦至也詩謂好惡之情也自此以下皆謂民之父母者善推其所有以與民共之人耳不能聞目不能見行之在胷心也塞滿也○哀樂音洛舊音岳頃耳音傾好惡並如字一音上呼報反下烏路反○疏敢問至五至○正義曰此經子夏問五至之事孔子爲說五至之理志之所至詩亦至焉者志謂君之恩意之至所志謂恩意至極於民詩者歌詠歡樂也君之恩意既至於民故詩之歡樂亦至極於民○詩之所至禮亦至焉者君既能歡樂至極於民則以禮接下故禮亦至極於民焉○禮之所至樂亦至焉者既禮能至極於民必爲民之所樂故樂亦至極於民焉○樂之所至哀亦至焉者君既與民同其歡樂若民有禍害則能悲哀憂恤至極於下故云哀亦至焉哀樂相生者言哀生於樂故上云樂之所至哀亦至焉凡物先生而後死故先樂而後哀哀極則生於樂是亦樂生於哀故云哀樂相生此言哀之與樂及志與詩禮凡此五者皆與民共之○是故正明

目而視之不可得而見也傾耳而聽之不可得而聞也者以此五者君與民上下同有感之在於胷心外無形聲故目不得見耳不得聞○志氣塞乎天地者塞滿也人君旣與民五事齊同上下俱有是人君志氣塞滿天地此之謂五至者所以能致如此者由行五至之道故云此之謂五至○注凡言至心也○正義曰云凡言至者謂經中五事至者也云至於民也者君行五事至極於民云志謂恩意也者但志兼善惡此志下極於民故知是恩意也云詩謂好惡之情也者詩者詠歌所好者則美之所惡者則刺之是詩有好惡之情也君之與民上下共同故經云詩亦至焉云自此以下皆謂民之父母者謂自此志之所至以下五事皆是民之父母所行也云善推其所有以與民共之者謂推其已之所有亦欲民之俱有若已欲恩愛民亦欲恩愛已有好惡民亦有好惡已欲禮樂民亦欲禮樂已欲哀恤民亦欲哀恤是推已所有與民共之也

子夏曰五至既得而聞之矣敢問何謂三無孔子曰無聲之樂無體之禮無服之喪此之謂三無子夏曰三無既得畧而聞之

矣敢問何詩近之於意未察求其類於詩詩長人情○近附近之近長丁丈反孔子曰夙夜其命宥密無聲之樂也威儀逮逮不可選也無體之禮也凡民有喪匍匐救之無服之喪也詩讀其爲基聲之誤也基謀也密靜也言君夙夜謀爲政教以安民則民樂之此非有鐘鼓之聲也逮逮安和之貌也言君之威儀安和逮逮然則民傚之此非有升降揖讓之禮也救之賙恤之言君於民有喪有以賙恤之則民傚之此非有衰絰之服○其命依注音基宥音又逮大計反注同選宣面反匍音扶又音蒲匐音服又蒲北反傚胡孝反賙音周衰七雷反絰大結反【疏】敢問至喪也○正義曰此一節子夏問三無之事夫子荅以三無子夏意猶未曉更問何詩近之夫子荅以所近之詩以開子夏之意○無聲之樂無體之禮無服之喪此三者皆謂行之在心外無形狀故稱無也○孔子曰夙夜其命宥密無聲之樂也者此詩周頌昊天有成命之篇其詩云在上昊天有成實之命二后受之謂文武二君承受之成王不敢康言文武成此王功不敢康寧夙夜基命宥密者夙早也夜暮

也基始也命信也宥寬也密靜也言文武早暮始信順天命行寬弘仁靜之化今此言以基爲謀言早夜謀爲政教於國民得寬和寧靜民喜樂之於是無鐘鼓之聲而民樂故爲無聲之樂也○威儀逮逮不可選也者此詩邶風柏舟之篇刺衛頃公之詩言仁人不遇其威儀逮逮然安和不可選數有威可畏有儀可象民則傚之非有升降揖讓之禮故爲無體之禮也○凡民有喪匍匐救之者此詩邶風谷風之篇婦人怨夫棄薄之辭也言凡人之家有死喪鄰里匍匐往救助之此記謂人君見民有死喪則匍匐往賙救之民皆傚傚之此非有衰絰之服故云無服之喪也

子夏曰言則大矣美矣盛矣言盡於此而已乎孔子曰何爲其然也君子之服之也猶有五起焉言盡於此乎意以爲說未盡也服猶習也君子習讀此詩起此詩之義其說有五也

子夏曰何如孔子曰無聲之樂氣志不違無體之禮威儀遲遲無服之喪內恕孔悲無聲之樂氣志既得

無體之禮威儀翼翼無服之喪施及四國無聲之樂氣志既從無體之禮上下和同無服之喪以畜萬邦無聲之樂日聞四方無體之禮日就月將無服之喪純德孔明無聲之樂氣志既起無體之禮施及四海無服之喪施于孫子不違者民不違君之氣志也孔甚也施易也從順也畜孝也使萬邦之民競爲孝也就成也將大也使民之傚禮日有所成至月則大矣起猶行也○施及以豉反下同畜許六反聞音問下令聞并注同施易也並以豉反

【疏】子夏至孫子○正義曰此一節言子夏既聞三無意以說義未盡故孔子更爲說三種之無猶有五種起發之事孔子曰何爲其然也者子夏既聞孔子之言猶疑其未盡故更問夫子而夫子荅云何爲其然然猶如是言何爲如是盡也言其義猶未盡○君子之服之也猶有五起焉者服習也言君子習此三無猶有五種起發其義言猶有五種翻覆

說其義興起也○無聲之樂氣志不違者此以下五節從輕以漸至於重初言不違民但不違君之志氣二云志氣既得言君之志氣得於下三云既從民所從也四云日聞四方及於遠也五云既起是既發起也是從微至著威儀遲遲者初時但舒遲而已二則威儀翼翼而恭敬三則上下和同無不從也四則日就月將漸興進也五則施及四海所及遠也內恕孔悲者初則親族之內悲哀其處近也二則施及四國所被遠也三則以畜萬邦皆爲孝也四則純德孔明益甚也五則施于孫子垂後世也○注云孔甚也畜孝也○正義曰孔甚釋言文畜孝祭統云孝者畜也故畜爲孝也○子夏曰三王之德參於天地敢問何如斯可謂參於天地矣孔子曰奉三無私以勞天下三王謂禹湯文王也參天地者其德與天地爲三也勞勞來○勞力報反注及下同來力代反子夏曰敢問何謂三無私孔子曰天無私覆地無私載日月無私照奉斯三者以勞天下此之謂三

無私其在詩曰帝命不違至于湯齊湯降不遲聖敬日齊昭假遲遲上帝是祗帝命式于九圍是湯之德也

帝天帝也詩讀湯齊爲湯躋躋升也降下也齊莊也昭明也假至也祗敬也式用也九圍九州之界也此詩云殷之先君其爲政不違天之命至於湯升爲君又下天之政教甚疾其聖敬日莊嚴其明道至於民遲遲然安和天是用敬之命之用事於九州謂使王也是湯之德者是湯奉天無私之德也○焰音照本亦作照湯齊依注音躋亦作躋子兮反詩如字日人實反齊側皆反注齊莊同詩作躋子兮反假音格注同遲直私反祗諸夷反使王于況反下王天下王功皆同

【疏】子夏至德也○正義曰自此以德下至大王之德一節子夏問三王之德參於天地夫子荅以行三無私之事并明湯及文武三代大王之德今各隨文解之○其在詩曰帝命不違至于湯齊者此詩商頌長發之篇美成湯之辭言天帝命此殷家世世行之不違至於成湯乃與天心齊也○湯降不遲者降下也言湯降下賢士不遲緩甚能速疾○聖敬日齊者言其聖敬之德日日升進○昭假遲遲者昭明也假暇也言湯以昭明寬

暇天下之士心遲遲然甚舒緩○上帝是祗者上帝天也祗敬也言天於是敬愛之○帝命式于九圍者式用也九圍九州之界也言天命湯之用事於九州爲天子也詩之本注如此今此記注意言殷之先君施其政教奉行天命不敢違也至于湯齊者齊躋也躋升也言至於成湯升爲國君湯降下政教不遲緩其聖敬之德日日齊莊昭明也假至也言湯之明德下至於民遲遲然安和不急疾此與詩注稍殊大畧同○注帝天至德也○正義曰帝天帝者恐有人帝之嫌故曰天帝降下也式用也釋言文假至也祗敬也釋詁文云是湯奉天無私之德也者以上云奉三無私下即引詩論湯之德言湯之明德下降於民遲遲安和是無私之事

天有四時春秋冬夏風雨霜露無非教也地載神氣神氣風霆風霆流形庶物露生無非教也

言天之施化收殺地之載生萬物此非有所私也無非教者皆人君所當奉行以爲政教○神氣風霆音廷絕句風霆流形絕句○

〔疏〕天有至教也○正義曰前經云奉三無私次論湯德此經論天地無私聖人則之以爲教天有四時春秋冬夏風雨霜露無非教也者言天春生夏長秋殺冬

藏以風以雨以霜以露化養於物聖人則之事事倣法以爲教故云無非教也○地載神氣神氣風霆風霆流形庶物露生無非教也者神氣謂神妙之氣風霆霆雷也神氣風霆流形謂地以神氣風雷之等流布其形庶物露生庶衆也言衆物感此神氣風霆之形露見而生人君法則此地之生物事事奉之以爲教也故云無非教也神氣風霆亦天之所有故春秋云天有六氣此經云天有風雨不偏屬於地今屬於地者其實神氣風霆天地共有春秋冬夏是天之神氣既稱春秋冬夏故於地變言神氣但氣從地出又風著於上雷出於地故神氣風雷偏繫於地

清明在躬氣志如神嗜欲將至有開必先天降時雨山川出雲其在詩曰嵩高惟嶽峻極于天惟嶽降神生甫及申惟申及甫惟周之翰四國于蕃四方于宣此文武之德也清明在躬氣志如神謂聖人也者欲將至謂其王天下之期將至也神有以開之必先爲之生賢知之輔佐若天將降時雨山川爲之先出雲矣峻高大也翰幹也言周

道將興五嶽爲之生賢輔佐仲山甫及申伯爲周之幹臣天下之蕃衛宣德於四方以成其王功此文武之德也是文王武王奉天地無私之德也此宣王詩也文武之時其德如此而詩無以言之取類以明之○著欲市志反注同嵩息忠反嶽音岳峻私俊反翰胡旦反徐音寒蕃方袁反反爲之于僞反下川爲嶽爲皆同賢知音智

〔疏〕清明至德也○正義曰此一節明周之文武之德○清明在躬者清謂清靜明謂顯著言聖人清靜光明之德在於躬身○氣志如神者氣志變化微妙如神神謂文武也○嗜欲將至者嗜欲謂王位也王位是聖人所貪故云嗜欲方欲王天下故云將至有開必先王者言聖人欲王天下有神開道必先豫爲生賢知之輔佐○先天降時雨山川出雲者此譬其事由如天將降時雨山川先爲之出雲言文武將王之時豫生賢佐但文武之時無此生生賢佐之詩故孔子引周宣王之時生賢佐之詩以證之○其在詩曰嵩高惟嶽峻極于天者此詩大雅嵩高之篇美宣王之詩嵩然而高者惟是五嶽其形高峻至于天○惟嶽降神生甫及申者惟此五嶽降此神靈和氣而生甫侯及申伯也以甫侯申伯先祖伯夷掌嶽神有功故嶽神輔助宣王爲生申甫也○惟周之翰者翰幹也言申伯甫侯爲周之楨幹之臣○四國於蕃四方于宣者言此申甫爲四方之國作蕃

屏又於四方宣揚王之德化此文武之德也者詩之所論當
此文武之德以文武無私所得賢臣唯遣爲四方藩屏及四
方宣揚威德不私爲已是文武奉天無私之德也○注仲山
甫及申伯○正義曰案詩嵩高之篇甫侯及申伯甫侯謂呂
侯也穆王之時訓夏贖刑謂呂刑與申伯俱出伯夷之後掌
四岳之祀又詩烝民稱仲山甫之賢與崧高生甫及申全別
此云仲山甫者案鄭志注禮在先未得毛詩傳然則此注在
前故以甫爲仲山甫在後箋詩乃得毛傳知甫侯申伯同出
伯夷之後故與禮別也○

三代之王也必先令聞詩云明明天子令聞不已三代之德也

令善也言以名德善聞天乃命之王也不已不倦止也○

〔疏〕三代至德也○正義曰此一節撼結三代以其無私故令聞不已○三代之王也必先其令聞者所以王天下者必父祖未王之前先有令聞也○詩云明明天子令聞不已者此詩大雅江漢之篇美宣王之詩明明天子謂宣王也令善聲聞不休已此記之意明明天子謂三代之王也言父祖及身令聞不休已故云三代之德也案上子夏問三王之德參於天地孔子荅以三王之德奉三無私此文云三代之王也必先其令聞所以前文唯云湯與文武

不稱夏者以夏承禹後爲天下治水過門不入無私事明但殷周以戰爭而取天下恐其有私故特舉湯與文武也**弛其文德協此四國大王之德也**弛施也協和也大王文王之祖周道將興始有令聞○弛徐式氏反一音式支反注同皇作弛大音泰注同弛施如字皇本作施布也**子夏蹶然而起負牆而立曰弟子敢不承乎**承奉承不失隊也起負牆者所問竟辟後來者○蹶居衛反徐音厥隊直媿反辟音避○〖疏〗弛其至德也○正義曰此亦江漢之詩接令聞不已之下詩本文云矢其文德矢陳也言宣王陳其文德和協此四國此云弛其文德弛施也言大王施其文德和此四方之國則大王居邠狄人侵之不忍鬭其民乃徙居岐山之陽王業之起故云大王之德也

坊記第三十

○陸曰坊音防徐扶訪反經文皆同鄭云名坊記者以其記六藝之義所以坊人之失也〖疏〗正義曰案鄭目録云名坊記者以其記六藝之義所以坊人之失者也此於別録屬通論

子言之君子之道辟則坊與坊民之所不足

者也民所不足謂仁義之道也失道則放辟邪侈也○辟匹亦反注同舊芳益反徐又音譬與音餘邪似嗟反侈昌氏反又尺氏反大爲之坊民猶踰之言嚴其禁尚不能止況不禁乎故君子禮以坊德刑以坊淫命以坊欲命謂教令疏子言至坊欲○正義曰此一節發端起首揔明所坊之事但此篇凡三十九章此下三十八章悉言子云唯此一章稱子言之者以是諸章之首一篇揔要故重之特稱子言之也餘章其意稍輕故皆言子云也諸書皆稱子曰唯此一篇皆言子云是録記者意異無義例也但此篇所坊體例不一或數經共論一事每稱子云以此坊民或有一經之内發初言子云唯說一事下即云以此勞民結之或有一經之内雖說一事即稱民猶犯齒民猶犯貴民猶犯君或有每事之下引詩書結之者或有一事之下不引詩書者如此之屬事義相似體例不同是記者當時之意無義例也今各隨文解之○辟則坊與者君子之道坊民之過譬如坊之凝水故云辟則坊與但言坊字或土旁爲之或阜旁爲之古字通用也○坊民之所不足者也釋立坊之義也言設坊坊民者爲民行仁義不足故也○大爲之坊民猶踰之者解不可無坊也聖人在

上大設其坊坊之而人猶尙踰越犯躐況不坊乎故君子禮以坊德者由民踰德故人君設禮以坊民德之失也○刑以坊淫者制刑以坊民淫邪也○命以防欲者命法令也欲貪欲也又設法令以坊民之貪欲也

子云小人貧斯約富斯驕約斯盜驕斯亂約猶窮也○喬音驕本亦作驕下同禮者因人之情而爲之節文以爲民坊者也故聖人之制富貴也使民富不足以驕貧不至於約貴不慊於上故亂益亡此節文者謂農有田里之差士有爵命之級○慊恨不滿之貌也慊或爲嫌○慊口簟反級音給

〔疏〕子云至益亡○正義曰此一節明小人貧富皆失於道故聖人制禮而爲之節文使富不至驕貧不至約○故聖人之制富貴也者既其置坊故聖人制爲富貴貧賤之法也不云貧賤畧其文也○使民富不足以驕者此爲富者制法也制富者居室丈尺俎豆衣服之事須有法度不足至驕也○貧不至於約者此爲貧者制法也制農田百畝桑麻自贍比閭相賙不令至於約也○貴不慊於上者此爲

貴者制法也貴謂卿士之屬也慊恨不滿之貌也聖君制其祿秩隨功爵而施則貴臣無復恨君祿爵以薄於已者也○故亂益亡者結上文也益漸也亡無也使富而不驕貧而不溢貴又不恨故爲亂之道漸無也不云賤者亦從可知也○

子云貧而好樂富而好禮衆而以寧者天下其幾矣言如此者寡也寧安也大族衆家恒多作亂○好呼報反下同樂音洛又音岳幾居豈反又音譏○詩云民之貪亂寧爲荼毒言民之貪爲亂者安其荼毒之行惡之也○荼音徒行下孟反惡烏路反下猶惡皆同故制國不過千乘都城不過百雉家富不過百乘以此坊民諸侯猶有畔者古者方十里其中六十四井出兵車一乘此兵賦之法也成國之賦千乘雉度名也高一丈長三丈爲雉百雉爲長三百丈方五百步子男之城方五里百雉者此謂大都三國之一○乘繩證反下注同高古報反長直亮反下同○

〔疏〕子云至畔者○正義曰此一節明上下制度有限防其奢僭畔逆之事○衆而以寧者天下其幾矣者言家族

衆多必致禍亂家族衆而得寧者普天之下其幾多人矣言
貧而好樂富而好禮衆而得寧如此三者言天下極少故云
其幾矣○詩云民之貪亂寧爲荼毒者此詩大雅桑柔之篇
刺厲王之詩言民之惡者貪爲禍亂安爲荼毒之行以害於
人民多如此故云上三事天下甚少○故制國不過千乘都
城不過百雉家富不過百乘者以天下爲惡者多故爲限節
制諸侯之國不得過千乘之賦卿大夫都城不得過越百雉
卿大夫之富采地不得過越百乘以此坊民諸侯猶有畔者
於時卿大夫亦有畔而獨言諸侯者舉其重餘可知也○畔注
古者至之一○正義曰古者方十里其中六十四井出兵車
一乘此兵賦之法也案司馬法云成方十里出革車一乘司
馬法又云甸方八里出長轂一乘鄭注小司徒云若通溝洫
之地則爲十里若除溝洫之地則爲八里故云六十四井出
車一乘云成國之賦千乘者襄十四年左傳成國不過半天
子之軍謂滿千乘則爲成國是公侯之封也案千乘之賦地
方三百一十六里有畸案周禮公五百里侯四百里則是過
千乘云不過千乘者其地雖過其兵賦爲千乘故論語注云
雖大國之賦亦不是過焉其兵賦之法王畿之內六鄉之法
家出一人萬二千五百家爲鄉大司馬云五師爲軍則萬二
千五百家爲一軍是一鄉出一軍又云天子六軍是出於六

鄉凡軍制大司馬云五人爲伍五伍爲兩四兩爲卒五卒爲旅五旅爲師五師爲軍此師之制也凡出軍之法鄉爲正遂爲副則遂之出軍與鄉同故鄭注小司徒云鄉之田制與遂同則知遂之軍法與鄉同其公邑出軍亦與鄉同故鄭注匠人云采地制井田異於鄉遂及公邑則知公邑地制與鄉遂同明公邑出軍亦與鄉同其公卿大夫采地既爲井田殊於鄉遂則出軍亦異於鄉遂也故鄭注小司徒井十爲通士一人徒二人通十爲成革車一乘士十人徒二十人十成爲終革車十乘士一百人徒二百人十終爲同革車百乘士千人徒二千人此謂公卿大夫采地出軍之制也其王畿之外謂諸侯大國三軍次國二軍小國一軍皆出鄉遂故費誓云三郊三遂是諸侯有遂也其諸侯計地出軍則司馬法云九夫爲井四井爲邑四邑爲丘馬一匹牛三頭四丘爲甸出長轂一乘甲士三人步卒七十二人馬四匹牛十二頭故成元年作丘甲杜服俱引此文以釋之又論語云道千乘之國鄭注引司馬法成出革車一乘但十里八里不同於上已釋此皆謂天子諸侯兵賦也又異義云天子萬乘諸侯千乘大夫百乘此大判言之尊卑相十之義其間委曲鄉遂公邑細別不同也故魯頌云公車千乘謂大揔計地出軍也公徒三萬謂鄉遂兵數也是國界計地與鄉遂數不同諸侯減方十里出

賦之時雖革車一乘甲士三人步卒七十二人其臨敵對戰之時則同鄉法五人爲伍五伍爲兩之屬也故左傳云邲之戰楚廣有一卒卒偏之兩又云兩之一卒適吳是臨軍對陳同鄉法也牧誓云武王戎車三百兩孔注云一車步卒七十二人則出軍法也經云千夫長百夫長謂對敵時也據司馬法之文諸侯車甲牛馬皆計地令民自出若鄉遂之衆七十五人則遣出革車一乘甲士三人馬四匹牛十二頭恐非力之所能皆是國家所給故周禮巾車職毁折入齎于職幣又周禮質人云凡受馬於有司者書其齒毛與其賈馬死則旬之内更又司兵職云及授兵從司馬之法以頒之及其受兵輸亦如之是國家所給也云高一丈長三丈爲雉者異義古春秋左氏說云百雉爲長三百丈方五百步者六尺爲步五六三十故三百丈爲五百步云子男之城方五百里者周禮典命云子男五命其國家宮室以五爲節國家謂城方也是子男城方五里也云百雉者此謂大都三國之一者言子男五里積千五百步左傳云大都參分國之一子男大都三分國城而居其一是大都五百步爲百雉也但國城之制凡有二義鄭之此注子男五里則侯伯七里公九里天子十二里冢鄭駮異義又云天子城九里公城七里侯伯之城五里子男之城三里此云百雉者謂侯伯之大都杜預同焉與鄭此

注與也經云家富不過百乘者諸侯之卿采地也故左傳云唯卿備百邑地方百里也直云唯卿百邑未知天子諸侯公卿大夫采地大小案鄭注小司徒云百里之國凡四都五十里之國凡四縣二十五里之國凡四甸又云采地食者皆四之一說者據此以爲公食百里卿食五十里大夫食二十五里其諸侯之卿大夫傳云卿備百邑論語云百乘之家此據諸侯臣之采地則公之孤侯伯之卿與天子三公同俱方百里公之卿與侯伯之大夫俱方五十里公之大夫與侯伯之下大夫俱方二十五里其子男之地唯方二百里以下其卿之采地不得復方百里案易訟卦注云小國之下大夫采地方一成其定稅三百家唯有此文其子男中都大都無以言之案鄭注論語云伯氏騈邑三百家云齊下大夫之制似公侯伯下大夫唯三百家者但春秋之時齊之強臣尤多故伯氏唯食三百家之邑不與禮同也此皆皇氏之說熊氏以爲卿備百邑者鄭志以爲邑方二里與百乘別又以諸侯臣賜地無常得地者卿百乘下大夫同十里之成

子云夫禮者所以章疑別微以爲民坊者也故貴賤有等衣服有別朝廷有位則民有所讓 位朝

位也。別彼列反下同朝直遥反下皆同子云天無二日土無二王家無二主尊無二上示民有君臣之別也春秋不稱楚越之王喪禮君不稱天大夫不稱君恐民之惑也楚越之君僭號稱王不稱其喪謂不書葬也春秋傳曰吳楚之君不書葬辟其僭號也臣者天君稱天子爲天王稱諸侯不言天公辟王也大夫有臣者稱之曰主不言君辟諸侯也此者皆爲使民疑惑不知孰者尊也周禮曰主友之讎視從父昆弟。僭子念反下同辟音避下同皆爲于僞反詩云相彼盍旦尚猶患之盍旦夜鳴求旦之鳥也求不可得也人猶惡其欲反晝夜而亂晦明況於臣之僭君求不可得之類亂上下惑衆也。相息亮反盍音褐徐苦盍反注同子云君不與同姓同車與異姓同車不同服示民不嫌也以此坊民民猶得同姓以弒其君同姓者謂先王先公子孫有繼及之道者也其非此則無嫌也僕右恒朝服君則各以時事唯在軍同服于○殺音試本又作弑【疏】子云至患之○正義曰此一節明章疑別嫌恐尊卑相僭使人疑惑之事○章疑者疑謂是非不決當用禮以章明之○別微者微謂幽隱不著當用禮以分別之○春秋不稱楚越之王喪者言春秋之義但書其卒不稱其楚越王喪葬之事謂書卒不書葬也若書葬則當稱葬楚越某王辟王之名故不書葬案春秋越子卒經傳全無其事但記者據越稱王之後追而言之非當時之事也○禮君不稱天者謂諸侯之君臣子不得稱之曰天公辟天子○大夫不稱君謂諸侯之大夫家臣不得稱之爲君辟諸侯也○恐民之惑也者所以不稱者恐民之疑惑也○以詩云相彼盍旦尚猶患之者鶡旦是求旦之鳥夜中而鳴以求旦旦不可得也言人視彼求旦之鳥欲反夜作晝是鳥無識也求不可得之物人猶尚惡之況人上僭於君求不可得之物以下亂上人惡之可知也○注春秋至昆弟○正義曰所引春秋傳者案宣公十八年楚子旅卒公羊傳曰吳楚之君不書葬辟其號也若書葬當書葬楚莊王辟其王之號故不書葬云臣者天君者言臣尊君如天故云臣者天君云稱天子爲天王者則春秋稱天王使南季來聘之屬是也云稱之曰主不言君辟諸侯也。則下引周禮主友之讎是稱主亦據臣下自稱已大夫之君但得言主不得稱君若官人汎例言之大夫有采地者亦得稱君故喪服云爲其君布帶繩屨傳言君謂有采地者也若通而言之諸侯亦稱下曲禮云執主器謂君也大夫自相命亦稱主也故左傳晉士匄謂荀偃爲主云事吳不敢如事主是也稱大夫之妻亦得曰主者案魯語云季孫問於公文伯之母曰主亦有以御服乎是也○注盡旦至衆也○正義曰此逸詩也言夜是闇時此鳥必欲求明是求而不可得者也意欲反夜而爲旦猶若臣之奢僭欲反下而爲上也○注同姓至服爾○正義曰云其非此則無嫌也者謂非此先王先公子孫不有相承繼之勢則無所嫌疑得同車也云僕右恒朝服者謂僕及車右身衣朝服○故曲禮云乘路馬必朝服是也其朝服之內則有虎裘狼裘故玉藻云君之右虎裘厥左狼裘是也云唯在軍同服爾者案春秋傳五年左傳云均服振振取虢之旂又公羊成二年鞌之戰逢丑父爲齊頃公車右也衣服與頃公相似是在軍同服○詩云至斯亡○正義曰所引詩者小雅角弓之篇刺幽王之詩言小人在朝無良善之行共相怨恨各在一方不相往來又受爵祿不肯相讓行惡至甚至於滅亡引之者證上每事須讓也

子云君子辭貴不辭賤辭富不辭貧

則亂益亡亡無也。子云自此以下本或作子曰。故君子與其使食浮於人也寧使人浮於食食謂祿也在上曰浮祿勝已則近貪已勝祿則近廉。近附近之近子云觴酒豆肉讓而受惡民猶犯齒衽席之上讓而坐下民猶犯貴朝廷之位讓而就賤民猶犯君犯猶僭也齒年也禮六十以上籩豆有加貴秩異者。觴音傷衽而審反又而鴆反上時掌反詩云民之無良相怨一方受爵不讓至于已斯亡良善也言無善之人善遥相怨貪爵祿好得無讓以至亡已。好呼報反子云君子貴人而賤己先人而後己則民作讓故稱人之君曰君自稱其君曰寡君寡君猶言少德之君言之謙。子云利祿先死者而後生者則民不偝先亡者而後存者則民可以託言不偷於死亡則於生存信。偝音佩下及注同偷音偷本亦作偷詩云先君之思以畜寡人此衛夫人定姜之詩也定姜無子立庶子衎是爲獻公畜孝也獻公無禮於定姜定姜作詩言獻公當思先君定公以孝於寡人。畜許六反注同毛詩作勗定姜之詩此是魯詩毛詩爲莊姜衎苦旦反以此坊民民猶偝死而號無告死者見偝其家之老弱號呼稱寃無所告無理也。號戶羔反注同寃於元反

疏子云至無告。正義曰此一節明坊人偝死嚮生之事。利祿先死者而後生者謂財利榮祿之事假令死之與生並合俱得君上先與死者而後生者則民不偝者謂在上以此化民則民皆不偝於死者。先亡者而後存者亡謂身爲國事亡在外存謂存在於國內若君有利祿先與在外亡者而後與國內存者。則民可以託者謂在上以此化民民皆仁厚皆可以大事相付託也。詩云先君之思以畜寡人者此邶風燕燕之篇衛莊姜送歸妾之詩言歸妾戴嬀思念先君莊公以婦道勗勉寡人寡人莊姜自謂此記引詩以勗爲畜鄭又以爲衛定公大夫定姜之詩定姜無子立庶子衎是爲獻

公獻公無禮於定姜欲令獻公當思念先君以畜孝於寡人。民猶偝死而號無告者言民猶尙偝棄死者其生者老弱號呼無所控告。注言不偷於死亡則於生存信。正義曰偷謂苟且言人既不苟且棄偝於死亡則於生存在者不棄薄信著矣。注此衞至寡人。正義曰云此衞夫人定姜之詩獻公無禮於定姜者案襄十四年左傳云衞獻公出奔使告宗廟以無罪夫人定姜曰余以巾櫛事先君而暴妾使余若何無罪是無禮之事與詩注不同者案鄭志荅炅模云注記時執就盧君後得毛傳乃改之凡注與詩不同皆倣此

子云有國家者貴人而賤祿則民興讓尙技而賤車則民興藝言人君貴尙賢者能者而不吝於班祿祿賜車服則讓道興賢者能者人所服也技猶藝也。技其綺反注同吝力刃反又力鎮反

故君子約言小人先言言人尙德不尙言也約與先互言爾君子約則小人多矣小人先則君子後矣易曰君子以多識前言往行以畜其德。行下孟反畜勑六反

【疏】子云至先言。正義曰此一節明尙賢能重言行之事。君子約言者省約其言則小人多言也。小人先言者小人行在於後必先用

其言君子則後言先行其行二者相互也子云上酌民言則下天上施上不酌民言則犯也下不天上施則亂也酌猶取也取衆民之言以爲政教則得民心得民心則恩澤所加民愛之如天矣言其尊。施始豉反下同故君子信讓以涖百姓則民之報禮重涖臨也報禮重者猶言能死其難。莅音利又音類難乃旦反詩云先民有言詢于芻蕘先民謂上古之君也詢謀也芻蕘下民之事也言古之人君將有政教必謀之於庶民乃施之。詢音荀芻初俱反蕘如遥反

【疏】子云至芻蕘。正義曰此一節論上取民心則民報禮重之事。上酌民言則下天上施者酌取也言在上人君取下民之言以爲政教既得民心民皆喜悅則在下之民仰君之德如天敬此在上所施之恩澤言愛上恩澤如愛之於天尊之也故云下天上施。上不酌民言則犯也者若在上不取民言違戾於下則民人怨怒以犯於上。下不天上施則亂者言在下之民若不仰君如天敬此在上則施之恩澤雖有君恩而在下不領則禍亂之事起也。民之報禮重者以君子

在上用信讓以臨百姓則民之報上之禮必意厚重能死其難○詩云先民有言詢于芻蕘者此詩大雅板之篇刺厲王之詩也言厲王不用賢人之言故詩人刺之云先民謂先世之君王將有政教之言必先詢謀採於芻蕘之賤者引之者證上酌民言之事

子云善則稱人過則稱己則民不爭善則稱人過則稱己則怨益亡詩云爾卜爾筮履無咎言爾女也履禮也言女鄉卜筮然後與我爲禮則無咎惡之言矣言惡在己彼過淺○爭爭鬬之爭履如字毛詩作體女音汝下及下文皆同鄉許亮反本亦作鄉

子云善則稱人過則稱己則民讓善詩云考卜惟王度是鎬京惟龜正之武王成之度謀也鎬京鎬宮也言武王卜而謀居此鎬邑龜則出吉兆正之武王築成之此臣歸美於君○度徒洛反注同毛詩作宅鎬胡老反

子云善則稱君過則稱己則民作忠君陳曰爾有嘉謀嘉猷

入告爾君于内女乃順之于外曰此謀此猷惟我君之德於乎是惟良顯哉君陳蓋周公之子伯禽弟也名篇在尙書今亡嘉善也猷道也於乎是惟良顯哉美君之德○於音烏下火吳反注同子云善則稱親過則稱己則民作孝大誓曰予克紂非予武惟朕文考無罪紂克予非朕文考有罪惟予小子無良大誓尙書篇名也克勝也非予武非我武功也文考文王也無罪則言有德也無良無功善也此武王誓衆以伐紂之辭也今大誓無此章則其篇散亡○大音泰本亦作泰注同〔疏〕云至無良○正義曰此一節論善則稱人過則稱己之事凡有三節上經論與凡人次經論臣於君下經論子於親各引詩書以結成之其經首皆言子云○詩云考卜惟王至武王成之者此大雅文王有聲之篇美武王之詩考卜惟王者言稽考於龜而卜者惟是武王○度是鎬京者度謀也言所以卜者謂謀居是鎬京惟龜正之者謂龜能正其吉兆○武王成

之者謂築成都邑○君陳曰爾有嘉謀嘉猷入告爾君于內者嘉善也猷道也言爾有善謀善道則入告爾君於內○女乃順之於外者言先告君於內乃順行之於外曰此謀此猷惟我君之德者言此善謀善道惟是我君之德也○於乎是惟良顯哉者既推德於君又歎美君德云於乎是君德惟良善顯明哉○泰誓曰至予小子無良者克勝也武王云我之克紂非我武惟我文考無罪於天爲天所佐若紂克於我非我文考有罪惟我小子無良善之德故致敗也○注此臣歸美於君○正義曰下經始據臣之於君此經據凡人相於而云歸美於君者以歸美於它人詩無其證故引此惟龜正之歸美於君以證之○注君陳蓋周公之子伯禽弟也○正義曰知君陳蓋周公子者以書序云周公既沒命君陳分正東郊成周似若蔡仲之命書序云蔡叔既卒王命蔡仲踐諸侯位相似皆是父卒命子故疑周公子以伯禽周公元子既封於魯命君陳令居東郊故知伯禽弟也○注今泰誓無此章則其篇散亡○正義曰鄭不見古文尚書漢時別有尚書逸篇四月太子發上祭於畢以下三篇之事鄭謂篇中有此經之語但其事散亡

子云君子弛其親之過而敬其美弛猶棄忘也孝子不藏識父母之過○弛式氏反注同

論

語曰三年無改於父之道可謂孝矣不以已善駮親之過○駮邦角反高宗云三年其惟不言言乃讙高宗殷王武丁也名篇在尚書三年不言有父小乙喪之時也讙當爲歡聲之誤也其既言天下皆歡憙樂其政教也○讙依注音歡火官反樂音洛子云從命不忿微諫不倦勞而不怨可謂孝矣微諫不倦者子於父母尚和順不用鄂鄂論語曰事父母幾諫見志不從又敬不違內則曰父母有過下氣怡色柔聲以諫諫若不入起敬起孝說則復諫此所謂不倦○鄂五各反本又作諤說音悅復扶又反詩云孝子不匱匱乏之也孝子無乏止之時○匱其媿反子云睦於父母之黨可謂孝矣睦厚也黨猶親也故君子因睦以合族合族謂與族人燕與族人食詩云此令兄弟綽綽有裕不令兄弟交相爲瘉令善也綽綽寬容貌也交猶更也瘉病也○綽昌灼反裕羊樹反瘉羊主反更古衡反

子云於父之執可以乘其車不可以衣其衣君子以廣孝也父之執與父執志同者也可以乘其車車於身差遠也謂今與己位等。衣於既反差初賣反子云小人皆能養其親君子不敬何以辨辨別也。養羊尚反子云父子不同位以厚敬也同位尊卑等爲其相褻。爲于僞反下尊爲同褻息列反書云厥辟不辟忝厥祖厥其也辟君也忝辱也爲君不君與臣子相褻則辱先祖矣君父之道宜尊嚴。厥辟不辟並必亦反注同子云父母在不稱老言孝不言慈閨門之內戲而不歎孝上施言慈則嫌下流也戲謂孺子言笑者也孟子曰舜年五十而不失其孺子之心歎謂有憂戚之聲也。孺而注反君子以此坊民民猶薄於孝而厚於慈子云長民者朝廷敬老則民作孝長民謂天子諸侯也。長丁丈反注及下事長同子云祭祀之有尸也宗廟之主也示民有事也脩宗廟敬祀事教民追孝也有事有所尊事以此坊民民猶忘其親疏子云至其親。正義曰上文承善則稱親則民作孝故此一節廣明爲孝之道以坊於民民猶有忘孝之事各依文解之。君子弛其親之過者弛謂棄忘若親有過失孝子棄忘之不藏記在心也。高宗云者此尚書說命之篇論高宗之事故言高宗云高宗非書篇之名三年其惟不言者在父喪三年之內其惟不言政教。言乃讙者謂三年服畢之後言論政教天下皆歡樂也注高宗殷王武丁也名篇在尚書。正義曰案其惟不言之文在尚書說命之篇言乃讙在無逸之篇而鄭云名篇在尚書則是高宗篇上有此二言與書之文不同者鄭不見古文尚書序有高宗之訓此經有高宗云謂是高宗之訓篇有此語故云名篇在尚書。子云至不匱。正義曰詩云孝子不匱者是大雅既醉之篇美成王之時告大平之詩言孝子行其孝道不有匱乏之時。子云至爲瘉。正義曰故君子因睦以合族者言親睦於父母之黨乃得爲孝故君子因此親睦之道以會聚宗族爲燕食之禮。詩云此令兄弟綽綽有裕者此詩小雅角弓之篇刺幽王之詩幽王不親宗族故父兄刺之令善也言此有德之人善於兄弟故綽綽然而有寬裕。不令兄弟交相爲瘉者瘉病也言無德小人不善兄弟交相爲病害。注車於至位等。正義曰以父之執友得乘其車不得衣其衣以衣在身車比衣稍遠故可以乘其車知今與巳位等者若尊卑懸絶假非執友不可傳通車服故知與巳位等但是父之執故不可衣其衣也。書云厥辟不辟忝厥祖。正義曰此尚書太甲三篇伊尹戒太甲之辭厥其也辟君也忝辱也言爲君不自尊高而與臣子相褻則辱其先祖也若爲人父不自尊嚴而與卑下相瀆亦辱累其先祖故鄭注云君父之道宜尊嚴也此則因君見父耳。子云至其親。正義曰示民有事也者言所以祭祀有尸宗廟有主者下示於民有所尊事故也。脩宗廟敬祀事教民追孝也者言人君脩立宗廟恭敬祀事者下教於民追孝於親也

子云敬則用祭器祭器籩豆簋鉶之屬也有敬事於賓客則用之謂饗食也盤盂之屬爲燕器。簋音軌鉶音刑食音嗣下文食禮同盤步于反盂音于。**故**

君子不以菲廢禮不以美沒禮言不可以其薄不及禮而不行

禮亦不可以其美過禮而去禮禮主敬廢滅之是不敬。菲芳鬼反薄也去起呂反故食禮主人親饋則客祭主人不親饋則客不祭故君子苟無禮雖美不食焉易曰東鄰殺牛不如西鄰之禴祭寔受其福東鄰謂紂國中也西鄰謂文王國中也此辭在既濟既濟離下坎上離為牛坎為豕西鄰禴祭則用豕與言殺牛而凶不如殺豕受福喻奢而慢不如儉而敬也春秋傳曰黍稷非馨明德惟馨信矣。饋其位反禴音藥寔時力反易作實與音餘。詩云既醉以酒既飽以德言君子饗燕非專為酒肴亦以觀威儀講德美。肴戶交反以此示民民猶爭利而忘義

疏子云至忘義。正義曰前經坊民以為孝之道此經教民以為敬行義之事。故君子不以菲廢禮者菲薄也言君子不以貧寠菲薄廢禮不行。不以美沒禮沒過也不可以財物豐多華美其事沒過於禮也。易曰東鄰殺牛不如西鄰之禴祭寔受其福者東鄰謂紂西鄰謂文王也紂之國中奢而慢禮雖殺牛以祭不

如西鄰文王國中以爲禴祭但殺豕而已以其祭儉而恭敬故也○寔受其福寔實也言寔爲神所加福祐○詩云既醉以酒既飽以德者此大雅既醉之篇言成王祭祀合於禮儀既盡也言君臣上下盡醉以酒至於祭之末觀十倫之義盡飽以德○注東鄰至信矣○正義曰東鄰謂紂國中也既云東鄰西鄰揔據一國之辭非唯紂文王一身而已故云國中言一國皆然也云此辭在既濟者是既濟九五爻辭也鄭注易九五曰互體爲坎也又互體爲離離爲日坎爲月日出東方東鄰象也月出西方西鄰象也此注坎爲豕西鄰禴祭則用豕與此文異又注云離爲牛是東鄰之祭殺牛也則鄭之易注九五一爻有坎有離此注揔論既濟之卦下體爲離上體爲坎與易注不同者但易含萬象俱得明義也此據一國風俗奢儉故舉豕牛以言之不得以天子諸侯俱用大牢爲妨

子云七日戒三日齊承一人焉以爲尸過之者趨走以教敬也戒謂散齊也承猶事也○齊側皆反注同散悉但反醴酒在室醍酒在堂澄酒在下示不淫也淫猶貪也澄酒清酒也三酒尚質不尚味○醍音體尸飲三衆

賓飲一示民有上下也上下猶尊卑也主人主婦上賓獻尸乃後主人降洗爵獻賓因其酒肉聚其宗族以教民睦也言祭有酒肉聚昭羣穆皆至而獻酬之咸有薦俎○昭常遙反故堂上觀乎室堂下觀乎上謂祭時肅敬之威儀也○詩云禮儀卒度笑語卒獲卒盡也獲得也言在廟中者不失其禮儀皆歡喜得其節也○度如字法度也徐涂洛反

【疏】子云至卒獲○正義曰此一節明祭祀恭敬之義使禮儀各得其所○七日戒者謂散齊也○三日齊者謂致齊也○承一人焉以爲尸者謂承奉一人焉尊之爲尸也○示民不淫也者淫猶貪也然醴齊醍齊澄酒味薄者在上味厚者在下貴薄賤厚示民不貪淫於味也○尸飲三衆賓飲一示民有上下也者言尊上者得酒多卑下者得酒少是示民有上下也○因其酒肉聚其宗族以教民睦也者謂因其祭祀之酒肉於祭祀之末聚其宗族昭穆相獻酬教民相親睦也○故堂上觀乎室者沈重云祭祀之時在堂上者觀望在室之人以取法○堂下觀乎上者謂在堂下之人觀者於堂上之人以爲則言上下內外更相倣法○詩云禮

儀卒度笑語卒獲者此小雅楚茨之篇刺幽王之詩言古之祭祀禮儀盡合其法度笑語盡得其節制。注澄酒至尚味云。正義曰澄酒清酒也謂澄齊也以其清於醴齊醍齊故云清酒也以此三齊皆云酒故知澄酒惟澄齊也禮運云玄酒在室醴醆在戶粢醍在堂澄酒在下彼陳酒事故鄭分釋澄爲沈齊酒爲三酒也以此云示民不淫故知非三酒以三酒味厚美故也禮運云醴醆在戶此云在室不同者在戶之內則是在室也但禮運有玄酒在室之文故云醴醆在戶爾。注主人至獻賓。正義曰知主人主婦。賓獻尸乃後主人降洗爵獻賓者儀禮特牲文也

子云賓禮每進以讓喪禮每加以遠浴於中霤飯於牖下小斂於戶內大斂於阼殯於客位祖於庭葬於墓所以示遠也遠之所以崇敬也阼或爲堂。霤力救反飯扶晩反牖音酉殷人弔於壙周人弔於家示民不倍也旣葬哀而哭踊周於送死尤備於是弔之。壙苦晃反

子云死民之卒事也吾從周

以此坊民諸侯猶有薨而不葬者（疏）子云至葬者○正義曰此一節明送喪漸遠弔哭有節示民不偝之事賓禮每進以讓者案鄉飲酒禮主人迎賓至門三辭至階三讓皆主人先入先登是賓禮每進以讓○死民之事也吾從周者上既云殷周弔節不同孔子明言所從之事故更言子云死民之卒事也吾從周言死是民之終卒之事宜須送終備具若殷人弔於壙情猶未盡即壙上而弔於送死大簡周人孝子反哭至家乃後始弔於送死殷勤是情禮備具故云吾從周也

子云升自客階受弔於賓位教民追孝也謂反哭時也既葬矣猶不由阼階不忍即父位也未沒喪不稱君示民不爭也故魯春秋記晉喪曰殺其君之子奚齊及其君卓沒終也春秋傳曰諸侯於其封內三年稱子至其臣子踰年則謂之君矣奚齊與卓子皆獻公之子也獻公卒其年奚齊殺明年而卓子殺矣○爭爭鬬之爭下民爭同殺音試注及下同一音如字卓勑角反注同

以此坊民子猶有

弑其父者 弑父不子之甚

疏 子云至父者○正義曰此節明民追孝於親諸侯未終喪之前不得稱君示民不爭之事也○升自客階受弔於賓位者謂既葬反哭之時孝子升自客階受弔於堂上西方賓位之處不敢在東方以即父位示民追孝之心也○未沒喪不稱君者沒終也謂未終三年之喪嗣子不合稱君所以然者示民不令父子相爭也○殺其君之子奚齊及其君卓者案僖九年秋九月晉侯詭諸卒冬晉里克弑其君之子奚齊十年里克弑其君卓子公羊云其年奚齊殺明年卓子弑是踰年稱君○注云謂反哭時也○正義曰知反哭時者以承上文葬於墓又云虞而不葬者即云升自客階承葬文之下故知反哭時及既夕禮云乃反哭入主人升自西階是也○注春秋至君矣○正義曰諸侯於其封內三年稱子者此文九年公羊傳文其臣子踰年則謂之君者此卓子踰年弑而經書弑其君是史之策書臣子稱君也

子云孝以事君弟以事長示民不貳也故君子有君不謀仕唯卜之日稱二君 不貳不自貳於尊者也自貳謂若鄭叔段者也君子有君謂君之子父在者也不謀仕嫌遲為政也卜之日謂君有故而

爲之卜也二當爲貳唯卜之時辭得曰君之貳某爾晉惠公獲於秦命其大夫歸擇立君曰其卜貳圉也○弟音悌鄭段徒亂反本亦云鄭叔段也遲直志反而爲于僞反圉魚呂反晉惠公太子懷公名喪父三年喪君三年示民不疑也不疑於君之尊也君無骨肉之親不重其服至尊不明父母在不敢有其身不敢私其財示民有上下也身及財皆當統於父母也有猶專也故天子四海之內無客禮莫敢爲主焉故君適其臣升自阼階即位於堂示民不敢有其室也臣亦統於君○父母在饋獻不及車馬示民不敢專也車馬家物之重者○饋本又作餽音同以此坊民民猶忘其親而貳其君

疏子云至其君○正義曰此一節明事君父之道○孝以事君弟以事長示民不貳也者用孝以事君用弟以事長示民以恭敬之情不敢自副貳於其君謂與尊者

相敵若鄭叔段貳君於兄也○故君子有君不謀仕者君子謂國君之○有君在不謀欲仕官若謀仕官似嫌爲政之遲故欲速爲仕也○唯卜之日稱二君者二當爲貳貳謂副貳也謂君有事故不得親臨卜筮其嗣子爲君而卜其辭得稱君之貳某告龜筮也○示民不疑者君無骨肉之親若不爲重服民則疑君不尊今喪君三年與喪父同示民不疑於君之尊也○注自貳至圉也○正義曰案隱元年左傳稱鄭莊公弟共叔段封於京邑請西鄙北鄙貳於己段又收貳以爲己邑公子呂曰國不堪貳謂除君身之外國中不堪更有副貳之君是段之自貳於君也云卜之曰謂君有故而爲之卜也者言當卜之日君應須親臨君有事故而適子爲君卜也云二當爲貳者小二是一二之二大貳是副貳之貳此取副貳之貳不取一二之二故轉二爲貳也云惟卜之時辭得曰君之貳某爾者言嗣子於他餘事皆不得自稱君之貳惟代君臨卜之時得稱君之貳某所以然者敬重卜之神靈不敢私顧父子之嫌若不稱君貳無緣代君而卜辭窮不得不稱君貳故也此謂世子對君自稱也王肅不曉鄭旨乃引傳云太子之貳又云子者身之貳又以旁人稱貳而難鄭其義非也云晉惠公獲於秦命其大夫歸擇立君曰其卜貳圉也者鄭以書傳無世子爲君卜稱貳之文故引僖公十五年左傳之文

以證君貳之事與此經文不正相當取其一邊耳惠公獲於秦者案僖公十五年傳稱晉惠公被秦伯所納既而背秦秦伯伐之戰於韓被秦所獲命其大夫歸立其子圉爲君稱卜副貳之子圉命爲君

子云禮之先幣帛也欲民之先事而後禄也此禮謂所執之贄以見者也既相見乃奉幣帛以修好也或云禮之先辭而後幣帛○贄音至見賢遍反好呼報反先財而後禮則民利財幣帛也利猶貪也無辭而行情則民爭辭辭讓也情主利欲也○故君子於有饋者弗能見則不視其饋饋遺也不能見謂有疾也不視猶不內也○遺于季反下遺民同內音納又如字○易曰不耕穫不菑畬凶言必先種之乃得穫若先菑乃得畬也安有無事而取利者乎田一歲曰菑二歲曰畬三歲曰新田○穫戶郭反菑側其反畬音餘以此坊民民猶貴禄而賤行行猶事也言務得其禄不務其事○行下孟反注同

疏 子云至賤行○正義曰此一節明坊民使輕財重禮貴行賤禄之事○禮

之先幣帛也謂相見之禮先於幣帛言先行相見之禮乃後用幣帛欲民之先事而後祿也者先相見是先事而後幣帛是後祿也○先財而後禮則民利者利貪也若先用財而後行禮民則化之貪於財也○無辭而行情則民爭者辭謂辭讓言與人相見無辭讓之禮直行己情則有利欲故民爲爭故君子於有饋者弗能見則不視其饋者饋遺也視納也言君子之人於有他人饋遺已者已若疾病不能見其所饋之人則不納其所饋之物也○易曰不耕穫不菑畬凶此易無妄六二爻辭無妄震下乾上六二既在震卦居中得位宜合仕者謂合事九五被六三所隔不得往仕是道之不行雖食其祿猶不耕穫刈不菑畬田無功得物是其凶引之者證貪財之事○注田一至新田○正義曰案爾雅釋地云田一歲曰菑孫炎云始菑殺其草木二歲曰新田孫炎云新成柔田也三歲曰畬孫炎云畬舒緩周頌傳亦云三歲曰畬此云三歲曰新田者誤也

子云君子不盡利以遺民不與民爭利也詩云彼有遺秉此有不斂穧伊寡婦之利言穫者之遺餘捃拾所以爲利○穧子賜反又才計反捃君運反拾音十故君子仕則不稼田則不

漁食時不力珍大夫不坐羊士不坐犬食時謂食四時之膳也力猶務也天子諸侯有秩膳古者殺牲食其肉坐其皮不坐犬羊是不無故殺之詩云采葑采菲無以下體德音莫違及爾同死葑蔓菁也陳宋之間謂之葑菲葍類也下體謂其根也采葑菲之菜者采其葉而可食無以其根美則并取之苦則棄之并取之是盡利也此詩故親今疏者言人之交當如采葑采菲取一善而已君子不求備於一人能如此則德美之音不離令名我願與女同死矣論語曰故舊無大故則不棄也○葑芳容反菲芳尾反蔓音萬徐音蠻菁音精又子丁反葍音富又音福并必政反又如字下同離力智反女音汝以此坊民民猶忘義而爭利以亡其身

疏 子云至其身○正義曰此一節明貴義輕利以坊民之事也○不盡利以遺民者言君子不盡竭其利當以餘利遺與民也○詩云彼有遺秉此有不斂穧伊寡婦之利者此詩小雅大田之篇刺幽王之詩言幽王無道矜寡不能自存故陳明王之時陰陽和調年歲豐稔田稼既多穫刈促遽彼處有遺秉把此處有不斂之穧束與寡婦捃拾以爲利

引之者證以利遺民者也○食時不力珍者力務也言人君食四時之膳不更用力務求珍羞○大夫不坐羊士不坐犬者言大夫無故不得殺羊坐其皮士無故不得殺犬坐其皮皆謂不貪其利以厚已也○詩云采葑采菲無以下體者此詩邶風谷風之篇婦人怨夫棄已故以此言恨之言采其葑菲之菜無以下體根莖之惡并棄其葉言取妻之時無以花落色衰并棄其夫婦之禮○德音莫違及爾同死者如此則道德音聲無相乖違則可與汝同至於死詩之文義其理如此今此記者引詩斷章爲義凡有二意一則云采此葑菲之菜但采其葉無得并采其下體之根莖言根莖雖美不可并取則是不盡取其利當遺與於下二則云采其葑菲之菜無以下體之惡并棄其葉據下體有苦惡之時言交友之道無以一處之惡并棄其遺事之善如此則德音莫違與汝同至於死作記者據其根善則無得并取其根無盡利也據其根惡則無得并棄其葉不求備也○注云葑蔓至棄也○正義曰案詩傳云葑須也爾雅釋草云須葑蓯陸機云又謂之蓯吳人謂葑蓯蔓菁幽州人或謂之芥云菲葍類者釋草云菲葍菜郭景純云菲草生下溼地似蕪菁華紫赤色可食云采葑菲之菜者采其葉而可食無以其根美則并取之苦則棄之并取之是盡利也者鄭之此注解此記所引本明無盡

利之事則德音莫違及爾同死當解云上無盡利於民則道德之音無有乖違民之及君可同至於死今鄭以下所注更別主一義與記意稍乖云此詩故親今疏者此鄭別解詩義以注記之時未見毛傳不知夫婦相怨謂交友和於所以云故親今疏云采葑采菲取一善而已者此謂根惡但取葉處一善而已不棄其根也云君子不求備於一人者謂一人身上既有善處亦有惡處不可以惡處并棄其善也論語云故舊無大故則不棄也鄭引之者證交友不以小惡而相棄鄭此注前釋正合記文鄭之後釋不知何意如此今所未詳

子云夫禮坊民所淫章民之別使民無嫌以爲民紀者也淫猶貪也章明也嫌嫌疑也故男女無媒不交無幣不相見恐男女之無別也重男女之會所以遠別之於禽獸也有幣者必有媒有媒者不必有幣仲春之月會男女之時不必待幣○媒音悔注同以此坊民民猶有自獻其身獻猶進也詩云伐柯如之何匪斧不克取妻如之何匪媒

不得蓺麻如之何橫從其畝取妻如之何必告父母伐柯伐木以爲柯也克能也蓺猶樹也橫從橫行治其田也言取妻之法必有媒如伐柯之必須斧也取妻之道必告父母如樹麻當先易治其田○柯古何反斧柄取七樹反後皆同從子容反注同橫行治其田本亦作遊行治其田易以豉反

【疏】子云至父母○正義曰自此以下終於篇末揔坊男女奔淫之事夫婦重慎之義也此節明男女非媒非幣不相交見○夫禮坊民所淫者淫貪也言禮者坊民所貪欲之事知非直是坊民淫泆而云貪者以文云所淫稱所是所貪也若其淫泆則當云坊民淫不須云所也○章民之別者章明也明民之男女令相分別使民無嫌○以爲民紀者也謂使民無色欲之嫌疑以爲民之綱紀也○民猶有自獻其身謂民之女人猶有自進其身以求男者也○詩云伐柯如之何匪斧不克者此詩齊風南山之篇刺齊襄公與妹文姜姦淫之事○蓺麻如之何橫從其畝者蓺種也橫行也言將種麻如之何必須橫行耕治其田然後得麻

子云取妻不取同姓以厚別也厚猶遠也○不取如字又七樹反故買妾不知其

姓則卜之妾言買者以其賤同之於衆物也士庶之妾恒多凡庸有不知其姓者以此

坊民魯春秋猶去夫人之姓曰吳其死曰孟子卒吳大伯之後魯同姓也昭公取焉去姬曰吳而已全其死亦畧云孟子卒不書夫人某氏薨孟子蓋其且字○去起呂反注同大音泰【疏】子云至子卒○正義曰此一節坊民取同姓爲妻之事○買妾不知其姓則卜之者妾既卑賤不可盡知其所生本姓但避其凶害唯卜其姓吉乃取之○魯春秋猶去夫人之姓曰吳者依春秋之例如夫人齊女即云姜氏至自齊以例言之此吳女亦當云夫人姬氏至自吳魯則諱其姬姓而不稱夫人姬氏至自吳是去夫人之姓曰吳也但春秋經文不載其事其春秋簡牘雜記則有之故論語云謂之吳孟子是當時之言有稱吳也○其死曰孟子卒者哀十二年稱孟子卒若其不諱當云夫人姬氏薨以諱取同姓而云孟子卒孟子是夫人之且字沒其氏書其且字又沒其薨而畧言卒而已皆爲同姓諱之鄭與何休皆以諱取同姓而書卒左氏則以不成喪故稱卒與鄭何異也○注孟子至且字○正義曰若既笄而字當云伯叔季若伯姬季姬今云孟子故知且字也子云禮

非祭男女不交爵交爵謂相獻酢以此坊民陽侯猶殺繆侯而竊其夫人同姓也以貪夫人之色至殺君而立其國未聞○殺音試注同一音如字繆音穆故大饗廢夫人之禮大饗饗諸侯來朝者也夫人之禮使人攝○廟直遙反

〔疏〕子云至之禮○正義曰此一節坊男女非因祭祀不得相集會也○非祭男女不交爵者言唯祭之時乃得交爵故特牲饋食禮云主婦獻尸尸酢主婦是交爵也○故大饗廢夫人之禮者以大饗之時夫人與君同饗於賓是繆侯及夫人共出饗賓陽侯是繆侯同姓之國見繆侯夫人之美乃殺繆侯而取其夫人灰篡其國而自立故大饗廢夫人之禮不使夫人得預其禮也以此言之則陽侯以前大饗夫人出饗鄰國之君得有男女交爵此云非祭男女不交爵者謂侯伯子男及卿大夫士祭及交爵若王於上公及上公相饗時后與夫人亦男女交爵與祼同也故大行人云上公之禮王禮再祼而酢是也○注同姓至未聞○正義曰言同姓者則上文云君不與同姓同車是也云其國未聞者唯有陽侯繆侯是兩君之謚未聞何國君故云未聞又案王饗諸侯及諸侯自相饗同姓則后夫人親獻異姓則使

人攝獻則繆侯所饗蓋同姓也且王於同姓雖爲侯伯車服與上公同上公既再祼后與王俱祼則上公相於與王同也其同姓上公則后與夫人親祼獻拜送也若異姓上公使人攝祼故宗伯職云大賓客則攝而載祼謂異姓也內宰職云凡賓客之祼獻瑶爵皆贊注云謂王同姓及二王之後來朝覲王以鬱鬯禮之后以瑶爵亞獻謂同姓也自陽侯殺繆侯後其后夫人獻禮○遂廢並使人攝也 子云寡婦之子不有見焉則弗友也君子以辟遠也有見謂睹其才藝也同志爲友○見賢遍反注及下同辟音避遠于萬反下遠色同故朋友之交主人不在不有大故則不入其門大故喪病以此坊民民猶以色厚於德子云好德如好色此句似不足論語曰未見好德如好色疾時人厚於色之甚而薄於德也○好呼報反下及注同諸侯不下漁色謂不內取於國中也內取國中爲下漁色昏禮始納采謂采擇其可者也國君而內取象捕魚然中網取之是無所擇○捕蒲布反中網丁仲反○故君子遠

色以爲民紀故男女授受不親不親者不以手相與也內則曰非祭非喪不相授器其相授則女受以篚其無篚則皆坐奠之而後取之○篚音匪御婦人則進左手御者在右前左手則身微背之姑姊妹女子子已嫁而反男子不與同席而坐女子十年而不出也嫁及成人可以出矣猶不與男子共席而坐遠別寡婦不夜哭嫌思人道婦人疾問之不問其疾嫌媚略之也問增損而已以此坊民民猶淫泆而亂於族亂族犯非妃匹也○泆音逸本又作佚同妃匹音配一音如字【疏】子云至於族○正義曰此一節更申明男女相遠又坊人同姓淫泆之事○諸侯不下漁色漁色謂漁人取魚中網者皆取之譬如取美色中意者皆取之若漁人求魚故云漁色諸侯當外取不得下鄉國中取卿大夫士之女若下鄉內取國中似漁人之求魚無所擇故云不下漁色○御婦人則進左手者以御者之禮婦人在車上左廂御者在婦人之右進左手謂左手在前轉身向右微偝婦人○婦人疾問之不問其疾者謂不問其疾

所委曲若問其委曲嫌似媚故不丁寧但畧問增損而已子云昏禮壻親迎見於舅姑舅姑承子以授壻恐事之違也舅姑妻之父母也妻之父爲外舅妻之母爲外姑父戒女曰夙夜無違命母戒女曰毋違宮事○迎魚敬反○以此坊民婦猶有不至者不至不親夫以孝舅姑也春秋成公九年春二月伯姬歸於宋夏五月季孫行父如宋致女是時宋共公不親迎恐其有違而致之也○父音甫

〈疏〉子云至至者○正義曰見於舅姑舅姑承子以授壻者謂親迎之時壻見於舅姑舅姑謂婦之父母也婦之父母承奉女子以付授於壻則昏禮父戒女曰夙夜無違命母戒女曰毋違宮事是也恐事之違者謂恐此女人於昏事乖違故親以女授壻也

禮記注疏卷五十一挍勘記　阮元撰盧宣旬摘錄

孔子閒居第二十九

孔子閒居節

子夏覆五至三無之事　閩監毛本同惠棟挍宋本覆下有問字

子夏曰民之父母節　惠棟挍宋本子夏曰民之父母既得而聞之矣合上節爲一節敢問何爲以下合下節子夏曰五至既得而聞之矣十一字爲一節

敢問至五至　惠棟挍宋本無此五字

若民有禍害　閩監本同毛本害誤哀

子夏曰五至既得而聞之矣節

敢問至喪也　惠棟挍宋本無此五字

密靜也閩監本同毛本密誤寧

子夏曰言則大矣美矣節

威儀遲遲各本同石經遲遲作遟遟

起猶行也閩監毛本同岳本同嘉靖本同衛氏集說同惠棟挍宋本行作從考文引古本足利本同

子夏至孫子惠棟挍宋本無此五字

子夏曰三王之德節

敢問何如斯可謂參於天地矣閩監毛本同衛氏集說同石經無於字岳本同嘉靖本同考文引古本足利本同石經考文提要云宋大字本宋本九經南宋巾箱本余仁仲本並無於字

日月無私照各本同石經同釋文出私炤云本亦作照

湯降不遲各本同石經遲作遟

昭假遲遲 各本同石經遲遲作遅遅釋文亦出遅遅

上帝是祗 閩本石經宋監本岳本嘉靖本並同監毛本祗誤祗衞氏集說同釋文出是祗

子夏至德也 惠棟挍宋本無此五字

清明在躬節

嗜欲將至 石經同閩監毛本嗜作耆岳本同衞氏集說同釋文出耆欲按此本注亦作耆嘉靖本初作耆後改嗜

嵩高惟嶽 石經宋監本岳本嘉靖本衞氏集說同閩監毛本惟作維石經考文提要云宋大字本宋本九經南宋巾箱本余仁仲本劉叔剛本並作惟嶽下惟嶽惟申並同

惟周之翰 惠棟挍宋本石經宋監本岳本嘉靖本衞氏集說同考文引古本足利本同閩監毛本惟作爲石經考文提要云宋大字本宋本九經南宋巾箱本余仁仲本劉叔剛本並作惟周

四方于宣各本同石經同毛本方誤國

清明至德也惠棟挍宋本無此五字

無此生生賢佐之詩惠棟挍宋本不重生字是也閩監毛本無此生作無此先生

此詩大雅嵩高之篇閩監毛本同惠棟挍宋本嵩作崧下挍詩嵩高之篇同

掌四岳之祀閩監本同毛本祀誤事惠棟挍宋本亦作祀岳作嶽

弛其交德節

弛其至德也惠棟挍宋本無此五字

則大王居邠閩監毛本同惠棟挍宋本邠作豳

大王之德也惠棟挍宋本此下標禮記正義卷第五十八終記云凡三十九頁

坊記第三十惠棟挍宋本禮記正義卷第五十九

子言之君子之道節

命謂教令閩監本同惠棟挍宋本岳本嘉靖本並同衛氏集說同毛本令誤命

子言至坊欲惠棟挍宋本無此五字

子云小人貧斯約節

士有餼命之級閩監毛本嘉靖本並同惠棟挍宋本級下有也字宋監本岳本同衛氏集說同

子云至益亡惠棟挍宋本無此五字

貴謂卿士之屬也閩監本同毛本謂誤爲

子云貧而好樂節

子云貧而好樂閩監本同石經同岳本同嘉靖本同衛氏集說同考文云宋板同毛本云誤曰

恒多作亂閩監毛本同岳本同嘉靖本同惠棟挍宋本作作爲宋監本同衛氏集說同考文引古本同

高一丈長二丈為雉　毛本二作三岳本同嘉靖本同衞氏集說同此本誤閩監本同

革車千乘士一百人　衞氏集說同閩監毛本同惠棟按宋本無一字

云子男之城方五百里者　閩監毛本同惠棟按宋本無百字衞氏集說同

子云夫禮者節　惠棟按云子云夫禮節子云君子節子云觴酒節宋本分民猶犯君之上為一節

民猶得同姓以弑其君　各本同石經同釋文出以殺云本又作弑

唯在軍同服于　惠棟按宋本于作爾宋監本岳本嘉靖本衞氏集說同考文引足利本同閩監毛本並誤

子云至患之　惠棟按宋本無此五字

云稱之曰主不言君辟諸侯也　閩監本同毛本也下有者字

傳言君謂有采地者也閩監毛本同惠棟挍宋本言作云

諸侯亦稱下曲禮云惠棟挍宋本有主字此本主字脫閩監毛本脫下字

主者亦有以御服乎惠棟挍宋本作主亦有以語肥也此本主下衍者字語肥也誤御服乎閩監毛本同

取虢之旂惠棟挍宋本同閩本取誤取監毛本取誤助

詩云至斯亡惠棟挍宋本無此五字按此節疏文一則此本誤按是在軍同服之後閩監毛本移置詩云民之無良節經注之下是也

子云君子辭貴不辭賤節惠棟挍云詩云民之無良以下宋本另爲一節

至于已斯亡閩監本同石經同岳本同嘉靖本同衞氏集說同毛本于誤於

子云利祿節

言不偷於死亡各本同釋文出不偷云本亦作偷。按說文有偷無偷

子云至無告惠棟按宋本無此五字

欲令獻公當思念先君惠棟按宋本同閩監毛本思誤須

按鄭志答曰炅模云閩監毛本同惠棟按宋本無曰字炅作晁段玉裁按云炅字是也曰字衍盧文弨按云前俱作炅模

注記時孰就盧君惠棟按宋本無孰字是也此本孰字誤衍閩監本同毛本就上衍孰字尤誤

子云上酌民言節

民受之如天矣閩監毛本同岳本同嘉靖本同惠棟按宋本受作愛衛氏集說同考文引古本足利本同

故君子信讓以涖百姓各本同石經同釋文涖作莅

子云至芻蕘惠棟挍宋本無此五字

子云善則稱人節

言女鄉卜筮各本同釋文出嚮卜云本亦作鄉○按經傳多作鄉嚮俗字

入告爾君于內女乃順之于外閩監本石經岳本嘉靖本衛氏集說同毛本二于並誤於

子云至無良惠棟挍宋本無此五字

凡有三節上經論與凡人次經論臣於君閩監本同毛本三誤二次誤此

泰誓曰至予小子無良者閩監毛本同惠棟挍宋本泰作大

無罪於天爲天所佐閩監本同毛本爲誤惟佐誤助

此經據凡人相於 閩本同惠棟挍宋本同監毛本於誤與

以歸美於它人 閩監本同毛本它作他惠棟挍宋本無於字

子云君子弛其親之過節 惠棟挍云子云君子節宋本分從命不忿至孝子不匱爲一節睦於父母至交相爲瘉爲一節於父之執至廣孝也爲一節小人皆能養至黍厥祖爲一節父母在至教民追孝也爲一節以此坊民二句合下敬則用祭器爲一節

弛猶棄忘也 閩監毛本同岳本棄作弃衛氏集說同

孝子不藏識父母之過 惠棟挍宋本宋監本岳本嘉靖本衛氏集說同閩監毛本識作記考文引古本足利本作識

微諫不倦者 閩監毛本嘉靖本岳本同考文引宋板者作君衛氏集說同

綽綽寬容貌也 閩監本嘉靖本岳本衛氏集說同毛本容誤裕

交猶更 閩監毛本同岳本同惠棟挍宋本更下有也字嘉靖本衛氏集説同考文引古本足利本同

謂今與已位等 閩監毛本同岳本同嘉靖本同衛氏集説同考文引宋板無今字

戲謂孺子言笑者也 各本同釋文出孺子

民猶薄於孝而厚於慈 閩監毛本同石經猶下有有字考文引宋板古本足利本同岳本嘉靖本衛氏集説並同石經考文提要云宋大字本宋本九經南宋巾箱本余仁仲本並有有字

脩宗廟 閩監本石經岳本嘉靖本並同毛本脩作修衛氏集説同

有事有所尊事 閩監毛本岳本嘉靖本並同惠棟挍宋本尊事作事也衛氏集説同

子云至其親 惠棟挍宋本無此五字

各依文解之 閩本同惠棟挍宋本同監毛本依作隨

子云敬則用祭器節

盤盂之屬爲燕器 閩監本同岳本同嘉靖本同衞氏集說同毛本盂誤于釋文出盂云音于

子云至忘義 惠棟按宋本無此五字

子云七日戒節

示不淫也 惠棟按宋本示下有民字石經宋監本岳本嘉靖本衞氏集說同考文引古本足利本同此本脫民字閩監毛本同石經考文提要云宋大字本宋本九經南宋巾箱本余仁仲本劉叔剛本並有民字

而獻酬之 岳本嘉靖本衞氏集說同閩監毛本酬作醻考文云宋板醻作酬疏放此

子云至卒獲 惠棟按宋本無此五字

知主人主婦賓獻尸 閩監本同毛本賓上有上字

子云賓禮每進以讓節

周於送死九備 閩監本同岳本同嘉靖本同衞氏集說同毛本九誤猶

子云至葬者　惠棟挍宋本無此五字

子云升自客階節

子云至父者　惠棟挍宋本無此五字

注云謂反哭時也　閩監毛本同惠棟挍宋本無云字

子云孝以事君節

子云至其君　惠棟挍宋本無此五字

謂國君之有君在　惠棟挍宋本有上有子字閩監毛本脫有字

子云禮之先幣帛也節

欲民之先事而後祿也　閩監本石經岳本嘉靖本同衛氏集說同考文引宋板同毛本祿誤樂疏而後祿也者放此

謂所執之贄 閩監毛本同岳本贄作摯嘉靖本衞氏集說同釋文出之贄

子云至賤行 惠棟挍宋本無此五字

故民爲爭 閩監毛本同惠棟挍宋本無爲字衞氏集說亦作故民爭也

此易無妄六二爻辭無妄 閩監本同毛本二無字並作无

猶不耕穫刈 惠棟挍宋本同閩監毛本刈誤割

無功得物 閩監本同毛本得誤德

子云君子不盡利以遺民節

子云君子 各本同石經同毛本云誤曰

是不無故殺之 閩監毛本岳本嘉靖本同惠棟挍宋本不無故作無故不衞氏集說同

菲蕾類也 閩監毛本同岳本同嘉靖本同衞氏集說同釋文蕾作菑惠棟挍正義同

苦則棄之 閩監毛本同岳本棄作弃宋監本嘉靖本衞氏集說同下則不棄也同

子云至其身 惠棟按宋本無此五字

陸機云又謂之蘢 閩監本同毛本機誤璣

與記意稍乖 閩監本同惠棟按宋本同毛本記誤已

子云禮非祭節

子云至之禮 惠棟按宋本無此五字

而取其夫人反篡其國 閩監毛本同衞氏集說同惠棟按宋本反作又是也

其后夫人獻禮遂廢 閩監本同毛本后作後

子云寡婦之子節

大故喪病 閩監毛本岳本嘉靖本同惠棟按宋本病作疾宋監本衞氏集說同

疾時人厚於色之甚 閩監本岳本嘉靖本衞氏集說同毛本於誤與考文引宋板亦作於

象捕魚然 各本同釋文出猶捕

御者在右前左手則身微背之 岳本嘉靖本同毛本背誤偕衞氏集說背作備考文引宋板同閩監本十二字闕

女子十年而不出也 各本同毛本不字誤倒在十年上

嫌思人道 毛本岳本嘉靖本衞氏集說同閩監本四字闕

問增損而已 毛本岳本嘉靖本衞氏集說同考文引宋板同閩監本闕而已二字按二字當二空闕閩監本誤四空闕

民猶淫泆 閩監本石經岳本嘉靖本同毛本泆作佚衞氏集說同釋文出淫泆云本又作佚○按泆佚字古多通用

諸侯不下漁色漁色謂漁人取魚　惠棟挍宋本同閩本監本侯不下漁色漁色謂八字闕毛本侯字有七字闕閩監毛本漁人並誤魚人

譬如取美色中意者皆取之若漁人求魚　惠棟挍宋本同閩監毛本中意者皆取之若漁人九字闕

不得下鄉國中取卿大夫士之女　惠棟挍宋本同閩監毛本鄉國中取卿大夫士八字闕閩監本得字同毛本得誤當

似漁人之求魚無所擇故云不下漁色　惠棟挍宋本同閩監毛本無所擇故云不下漁八字闕求魚誤求漁

以御者之禮婦人在車上左廂御者　惠棟挍宋本同閩監毛本婦人在車上左廂御八字闕

謂左手在前轉身向右微偕婦人○婦人惠棟按宋本同閩監毛本身向右微偕婦人○八字闕

謂不問其疾所委曲若問其委曲嫌似媚故不丁寧但略問增損而已惠棟按宋本同略問作問其考文引宋板亦作略問閩監毛三本所委曲若問其委曲故不丁寧但問其增十六字並闕按毛本空闕廿八字誤也

子云昏禮節

妻之父爲外舅妻之母爲外姑父戒女曰夙夜無違命母戒女曰毋違宮事毛本同惠棟按宋本同無作毋岳本嘉靖本衛氏集說同閩監本之父爲外舅妻之母無違命母戒女曰毋十六字闕

季孫行父如宋致女是時宋共公不親迎恐其有違而致

之也毛本同岳本同惠棟挍宋本同嘉靖本同閩監本父如宋致女是時恐其有違而致之十四字闕

見於舅姑舅姑承子以授壻者謂親迎之時惠棟挍宋本同閩監毛本子以授壻者謂親七字闕考文引宋板舅姑二字不重

婦之父母承奉女子以付授於壻惠棟挍宋本同衛氏集說同閩監毛本婦之父母承奉女七字闕

夙夜無違命母戒女曰毋違宮事惠棟挍宋本同閩監毛本違命母戒女曰毋七字闕

恐事之違者謂恐此女人於昏事乖違惠棟挍宋本同閩監毛本謂恐此女人於昏乖八字闕按毛本有空闕九字誤也

附釋音禮記注疏卷第五十一惠棟挍宋本禮記正義卷第五十九終記云凡二十五頁

宋監本禮記卷第十五經五千五百八十三字注四千七百五十四字嘉靖本禮記卷第十五經五千五百三十二字注四千六百六字

禮記注疏卷五十一挍勘記

傳古樓景印